Puertas de Libertad

Un camino para lograr una vida fácil y feliz

EDITH JAIMES

Líder en la Comunidad Mujer Valiosa

Para otros materiales, visítanos en:
EditorialGuipil.com

© 2023 por Edith Jaimes
Puertas de libertad
Todos los derechos reservados

Publicado por **Editorial Güipil**
Miami, FL - Winston-Salem, NC. Estados Unidos de América

Reservados todos los derechos. Ninguna porción ni parte de esta obra se puede reproducir, ni guardar en un sistema de almacenamiento de información, ni transmitir en ninguna forma por ningún medio (electrónico, mecánico, de fotocopiado, grabación, etc.) sin el permiso previo de los editores, excepto para breves citas y reseñas.

Esta publicación contiene las opiniones e ideas de su autor. Su objetivo es proporcionar material informativo y útil sobre los temas tratados en la publicación. Se vende con el entendimiento de que el autor y el editor no están involucrados en la prestación de servicios financieros, de salud o cualquier otro tipo de servicios personales y profesionales en el libro. El lector debe consultar a su consejero personal u otro profesional competente antes de adoptar cualquiera de las sugerencias de este libro o extraer deducciones de ella. El autor y el editor expresamente niegan toda responsabilidad por cualquier efecto, pérdida o riesgo, personal o de otro tipo, que se incurre como consecuencia, directa o indirectamente, del uso y aplicación de cualquiera de los contenidos de este libro.

Versículos bíblicos indicados con NVI han sido tomados de la Santa Biblia, Nueva Versión Internacional, NVI. ©1999 por Bíblica, Inc. Usado con permiso de Zondervan. Todos los derechos reservados mundialmente. www.zondervan.com.
Versículos bíblicos indicados con RV60 han sido tomados de la Santa Biblia, versión Reina Valera 1960. ©1960 Sociedades Bíblicas en América Latina; ©renovado 1988 Sociedades Bíblicas Unidas. Utilizado con permiso. Reina Valera 1960© es una marca registrada de la American Bible Society.
Versículos bíblicos indicados con TLA han sido tomados de la Santa Biblia, Traducción en Lenguaje Actual, © Sociedades Biblicas Unidas.
Versículos bíblicos indicados con NTV han sido tomados de la Santa Biblia, Nueva Traducción Viviente, © Tyndale House Foundation 2008, 2009, 2010. Usado con permiso de Tyndale House Publishers, Inc., 351 Executive Dr., Carol Stream, IL 60188, Estados Unidos de América. Todos los derechos reservados.

Editorial *Güipil*

Editorial Güipil. Primera edición 2023
www.EditorialGuipil.com
ISBN: 978-1-953689-60-3
Categoría: Vida práctica / Inspiración

«Algunas personas dicen que la vida es difícil, pero la vida es fácil cuando entregas tus cargas a Dios y tomas la autoridad que Él te ha dado para liberarte de las ataduras invisibles que no te permiten lograr tus objetivos.» Edith Jaimes

Agradecimientos

¡Mi página favorita de este libro!

Agradezco a Dios por la oportunidad que me da de ayudar a rescatar a las personas, sin importar su color, raza, género o nivel económico, porque de una u otra manera todos somos necesitados y Dios no hace acepción de personas. Me siento afortunada de ayudar en Sus planes.

«Mis planes para ustedes solamente yo los sé,
y no son para su mal, sino para su bien.
Voy a darles un futuro lleno de bienestar.»
Jeremías 29:11 (TLA)

Agradezco a mi amada familia, mi esposo Salvador Jaimes, mis hijos Salvador, Tatiana y Diego, por su amor, apoyo y comprensión. Gracias a mi madre, María Elena, por inspirarme en la fe y su amor, y hacerme caminar cada día más hacia Dios.

Gracias a mis hermanos en Cristo, porque al ver sus testimonios de transformación sobrenatural, me impulsan a no quedarme callada y decir a las personas de todas las naciones que Dios es real, verdadero y que para Él no hay nada imposible.

Agradezco al *Ministerio Escuela Es Sobrenatural!* Sid Roth y su equipo de instructores, por sus enseñanzas que me han permitido avanzar en mi vida espiritual.

Que Dios los bendiga.

Contenido

Introducción 9
Prólogo 13

Capítulo 1: Puertas de Libertad 21

Los sentimientos son fuerzas poderosas 22
Identifícate: ¿Eres una persona en esclavitud? 24
Te pertenezco 26
Conoce al dador de vida 27
La vida es fácil 32
El amor abre puertas 35

Capítulo 2: Autoliberación 39

¡Ayúdame! 40
¿Cómo puedo experimentar ser libre? 45
¡Orgullo! 49
El Torturador 58
Anula los planes de satanás 64
Rompiendo malas ligaduras del alma 74

Capítulo 3: Paz en medio de la tormenta 83

Capítulo 4: Comunicado de Dios para los últimos tiempos 95

Epílogo 107
Acerca de la autora 111

Introducción

¡La vida es fácil y feliz!
...con Jesucristo.

Muchos dirán: «Eso es imposible porque desde que tengo uso de razón —y soy cristiano—, para mí la vida es difícil y dura». Tienes toda la razón. Así pensaba yo antes de que mi Padre Celestial me mostrara cómo ver la vida fácil, aun teniendo muchas responsabilidades.

¿Has leído su Palabra?, ¿has meditado en ella? Una parte dice:

«Les digo estas cosas para que estén unidos a mí y así sean felices de verdad. Pero tengan valor: yo he vencido a los poderes que gobiernan este mundo.»
Juan 16:33 (TLA)

Dios quiere que estemos Unidos con Él para que seamos felices de verdad, fuera de Él es imposible, por eso las personas sin Dios buscan continuamente cómo complacerse para sentir satisfacción personal.

Si meditamos, vemos que sin Dios tendremos problemas, tristezas, derrotas, depresiones, problemas psicológicos, enfermedades mentales; y la solución que buscamos son los tranquilizantes, drogas, vicios de alcohol, juegos al azar, video juegos, vicio de sexo, etc. Pero cuando estamos unidos en Cristo Jesús, somos felices, porque Dios ha vencido a este mundo de tinieblas, y todos esos demonios tienen que irse en Su nombre.

Es impresionante cómo nuestro Padre Celestial está tan interesado en ti y en mí, Él desea por todos los medios llegar a ti y guiarte y cuidarte para que tu estadía en esta tierra sea lo que te ha prometido.

«...y he descendido para rescatarlos del poder de los egipcios, sacarlos de Egipto y llevarlos a una tierra fértil y espaciosa. Es una tierra donde fluyen la leche y la miel.» Éxodo 3:8 (NTV)

El deseo de Dios es ayudarte a que vivas una vida tranquila y feliz; por tal razón, y por obediencia, escribí este libro, para que tu vida sea feliz, hermosa y fácil; pero para eso es necesario accionar, perseverar hasta lograrlo. Es necesario conocer el porqué de las cosas, el ser humano se lo pregunta todo el tiempo en su interior y el único que tiene la respuesta es Dios.

Dios quiere que seas una persona fuerte y valiente, con espíritu superior como el que tenía Daniel, quiere que señorees sobre la faz de la tierra, quiere que Su reino se establezca en tu vida, en tu hogar, en tu ministerio, en tu ciudad y sobre todas las naciones.

Dios sabe que muchos han perdido sus sueños y esperanzas, se han desanimado, conformado, no ven la salida a sus problemas y no saben qué hacer; por eso les da una oportunidad más para que sus vidas cambien y toda su tristeza se convierta en danza.

Este libro te mostrará quién es Dios y quién es el diablo, para que conozcas quien está detrás de tus fracasos, aflicciones y tormentos, y quién te puede dar vida buena y en abundancia.

Recuerda, Dios es real, está con nosotros a través de Su Espíritu. Jesús, antes de irse con el Padre, nos prometió:

«Y yo le pediré a Dios el Padre que les envíe al Espíritu Santo, para que siempre los ayude y siempre esté con ustedes. Él les enseñará lo que es la verdad.»
Juan 14:16-17 (TLA)

El Espíritu Santo de Dios te mostrará la verdad que te hará libre.

Que la presencia de Dios esté contigo en esta lectura, para que tu vida sea transformada y ya no seas igual. Que Dios te acompañe en este caminar, donde el Espíritu Santo te guiará y enseñará cómo tener una comunión y relación personal con Dios Padre, cómo sanar esos corazones quebrantados y liberarte de toda atadura demoniaca, todo con el objetivo que tu vida sea transformada al propósito de Dios y especialmente para que estés preparado para la venida de nuestro Señor Jesucristo.

Prólogo

Todos somos un libro para publicar, Dios está escribiendo en cada uno de nosotros diariamente, pero tú decides qué hacer con lo que Él te da. Tu primera opción puede ser publicar lo que Dios ha hecho en tu vida, para ser testimonio aquí en la tierra, además, ser luz en medio de la obscuridad y ayudar a la humanidad a conocer al Dios de Abraham, Isaac y Jacob. Si tú lo haces, Dios hará que tu tienda se ensanche, tu cosecha sea abundante y tu vida fructifique. Tu segunda opción es quedarte callado, apartado, estancado, no reconociendo todas las vivencias sobrenaturales que Dios ha suministrado a tu vida y será un éxito rotundo para satanás; con esto no quiero decir que todos debemos escribir un libro, aunque sería bueno, pero sí dejar huellas a tu paso de toda la evidencia del Dios vivo y verdadero, y decir:

«Venga tu reino. Hágase tu voluntad, como en el cielo, así también en la tierra.»
Mateo 6:10 (RV60)

Mi nombre es Edith Jaimes. Quiero contarte cómo miraba la vida desde que tuve uso de razón y cómo, a través de Jesucristo, cambió mi visión de la vida. Me crió una linda y amorosa abuela y tuve una madre muy linda, buena, amorosa y demasiado trabajadora, pues debido a su trabajo recuerdo verla de vez en cuando, ya que tuve un padre ausente.

Mi abuela, mamá Tey, era una católica, apostólica y romana, así se declaraba ella y me enseñó su religión, desde niña crecí rezándole a imágenes y estatuas. Por ser la nieta que siempre estaba con ella, me pude dar cuenta del tipo de vida que ella tenía, una vida de insatisfacción, tormentos, problemas; y fui creciendo y escuchando cada lamento de su vida, a pesar de su fe en sus imágenes a quienes les pedía que le ayudaran con sus tormentos y problemas, nunca vi que se le resolvieran y la vi morir junto con ellos.

Por otro lado, mi madre estaba igualmente atormentada con problemas emocionales y sin poder resolverlos; pero tanto madre como hija, ante la sociedad eran personas amables con una vida normal, pero no veían toda la batalla de crisis, problemas y emociones que transcurrían dentro del hogar.

Fui creciendo y mi vida no fue muy diferente a la de ellas, ya que cuando somos niños, absorbemos la atmósfera donde nos desarrollamos. Por estar entretenida con los problemas, yo no podía ver lo linda y hermosa que es la vida y estar agradecida por tenerla, sin darme cuenta; me convertí en una persona insatisfecha, amargada y malagradecida, porque Dios nos manda a «Den gracias a Dios en cualquier circunstancia. Esto es lo que Dios espera de ustedes, como cristianos que son.» 1 Tesalonicenses 5:18 (TLA).

Hay muchas personas que necesitan escuchar que no solo ellas han padecido sino que todos en algún momento hemos vivido con temores, inseguridades, desconfianzas, violencia ya sea física, verbal o emocional, etc. En mi caso, crecí, oyendo decir a mi mamá que todos los hombres eran malos, que yo no tenía que dejarme de ningún hombre, que todas las personas eran hipócritas, que no confiara en nadie, que la vida era muy triste y dura, y esas ideas moldean la mente y forma de actuar; por eso el Señor en su Palabra dice:

«Ya no vivan ni se conduzcan como antes, cuando los
malos deseos dirigían su manera de vivir.
Ustedes deben cambiar completamente su manera de
pensar, y ser honestos y santos de verdad,
como corresponde a personas que Dios ha vuelto a
crear, para ser como él.»
Efesios 4:22-24 (TLA)

¿No vivir como antes?, ¿cambiar completamente mi manera de pensar? Todo esto es incomprensible sin la ayuda de Dios. Para mí lo era debido a toda la capacitación de mi madre, me propuse estudiar y llegar a ser una mujer independiente, autosuficiente, tener inteligencia y capacidades por mis propias fuerzas. Y lo logré. Estudié en la Escuela de Trabajo Social y me gradué de trabajadora social, trabajé por un tiempo en mi carrera, luego estudié marketing en la universidad y me gradué, trabajé en una agencia de publicidad, donde obtuve una beca para estudiar publicidad y me gradué de publicista; escalé varias posiciones hasta llegar a tener un puesto de trabajo de directora; me casé con un buen hombre, hijo de Dios. Parecía que mi vida era exitosa por fuera, pero por dentro era la misma con inseguridades, rechazos, tormentos y problemas; el estudio solo me hizo sentir importante y tener una vida estable económicamente, pero en mi interior era la misma: con pobreza espiritual y necesitada. Llegó un momento donde mi casa interior se estaba cayendo y me rendí, mis logros no cambiaron mi vida por dentro.

Pero llego el gran día. Conocí a la persona más bella que jamás vi en mi vida: Jesucristo. Me enamoré de Jesús perdidamente, cuanto más lo conocía más quería estar con Él. Me di cuenta de que nuestro Padre Celestial envió a Su Hijo Jesús a pagar con su vida para salvarnos del pecado, sufrimiento, enfermedades, problemas, crisis, cárceles espirituales, nos libera de condenación, sana nuestros corazones heridos y quebrantados, vino a librarnos de las obras de maldad del diablo, depresiones, ansiedades, angustias, etc. Jesús nos dice:

«El propósito del ladrón es robar y matar y destruir; mi propósito es darles una vida plena y abundante.»
Juan 10:10 (NTV)

Comprendí que todas mis angustias no era el propósito de Dios, sino del diablo; comprendí que Dios quería darme una vida plena, buena y abundante de bendiciones.

He recorrido muchos años en el cristianismo, y ha sido el camino más satisfactorio con la Biblia como mi manual de vida.

«Cada palabra que Dios pronuncia tiene poder y tiene vida. La palabra de Dios es más cortante que una espada de dos filos, y penetra hasta lo más profundo de nuestro ser. Allí examina nuestros pensamientos y deseos, y deja en claro si son buenos o malos.»
Hebreos 4:12 (TLA)

¿Quieres vida en abundancia, gozo, paz, estabilidad? ¿Crees que hay algo imposible para Dios? Su Palabra dice:

«Para los hombres es imposible —aclaró Jesús, mirándolos fijamente—, mas para Dios todo es posible.»
Mateo 19:26 (NVI)

Por lo tanto, te llevaré a conocer el camino que caminé con Dios y me llevó a descubrir que «los que son de Dios podrán tener muchos problemas, pero él los ayuda a vencerlos. Dios cuida de ellos y no sufrirán daño alguno» (Salmos 34:19-20 TLA). Esta es una promesa de parte de Dios para sus hijos, y yo la creo. ¿Por qué? Porque conozco a mi Padre, tengo una relación personal con Él, tengo confianza, vivo Su Palabra y eso me permite ir de victoria en victoria y tener una buena vida y ser feliz.

Solo quiero aclarar que antes de conocer a mi Padre Celestial, yo creía que lo conocía porque había oído de Él, nunca había leído la Biblia, así que estaba equivocada. Confiaba más en mis decisiones que en Él, confiaba más en mis buenos contactos —como llamaba a mis amistades—, que en Él. Sí oraba, pero siempre hacia lo que yo quería, pues me había convertido en una persona autosuficiente; la profecía de mi madre se había cumplido: no dependa de nadie para que nadie la humille. ¡Error! El espíritu de orgullo oculto se posiciono fácilmente en la casa de Dios, que es tu cuerpo, la morada del Espíritu Santo.

«El cuerpo de ustedes es como un templo, y en ese templo vive el Espíritu Santo que Dios les ha dado. Ustedes no son sus propios dueños.»
1 Corintios 6:19 (TLA)

Mi reflexión

CAPÍTULO 1
PUERTAS DE LIBERTAD

Sigue pidiendo y recibirás lo que pides; sigue buscando y encontrarás; sigue llamando, y la puerta se te abrirá. Pues todo el que pide, recibe; todo el que busca, encuentra; y a todo el que llama, se le abrirá la puerta.
Mateo 7:7-8 NTV

Dios te está abriendo puertas de libertad, Él te ama profundamente y quiere lo mejor para ti, solo obedécelo y deja de hacer lo que te lleva a la perdición, lo que ha matado tu espíritu. Nunca es tarde para ser diferente, nuestro Padre Celestial te extiende Su mano para que la tomes y te llevará por un camino de vida.

LOS SENTIMIENTOS SON FUERZAS PODEROSAS

«El corazón alegre se refleja en el rostro, el corazón dolido deprime el espíritu.» Proverbios 15:13 (NVI)

Lo que sientes emocionalmente se convierte en lo que sientes físicamente. Dios desea sanar tu dolor, angustia, inseguridad, rechazo, enojo, ¡y así cambiar la expresión de tu rostro!

Cuando a Ana Gloria, su esposo la abandonó, sintió que se le rompía el corazón. De veras había hecho sus votos matrimoniales con toda intención y estaba dispuesta a pasar por todo: salud y enfermedad, riqueza y pobreza, todo lo que sucediera. Jamás se le ocurrió que llegaría a estar tan mal, pobre y con un esposo a quien no le importó sus veinte años de matrimonio y la dejó por otra mujer más joven.

Con frecuencia hay personas que pasan por experiencias emocionalmente devastadoras como el divorcio, la bancarrota o la muerte de un hijo, y luego vemos que sufren ataques cardíacos, cáncer, enfermedades auto inmunes u otras dolencias severamente incapacitantes.

La mayoría de nosotros hemos cortado el césped alguna vez. Y aprendimos que de nada sirve arrancarle la cabeza a los dientes de león o las malezas. Esto solamente parece asegurar que pronto volverán a crecer y con más fuerza. Cuando se trata de ciertos síntomas físicos, a menudo solamente les cortamos la cabeza. Hacemos lo que podemos para librarnos del dolor o malestar. El problema vuelve, tomamos nuevamente las píldoras, el líquido o polvo; el problema vuelve otra vez y volvemos a tomar la medicina; y así seguimos, semana a semana, mes tras mes, año tras año. Es lo que hace la mayoría de las personas.

Hoy comenzarás en un proceso a tu libertad, porque Dios te está abriendo «Puertas». Encontrarás muchos aspectos de tu vida que son pecaminosos y maldiciones ancestrales que están pasando de generación en generación porque no han sido rotas. Si quieres un cambio en tu vida te sugiero que entres en este proceso con Dios y por ningún motivo te vuelvas atrás.

Una vez que hayas comenzado, asegúrate de dejar los vicios o todo aquello que es pecaminoso. Las cadenas más fuertes de opresión se deben a las prácticas pecaminosas; y entre las más duras de romper están las prácticas ocultistas, la falta de perdón y la inmundicia sexual (pecado que el 80 % de los cristianos sigue practicando en secreto, incluyendo la pornografía y todas las formas de sexo virtual por Internet). Si por algún motivo te vuelves atrás, la Palabra dice:

«Ahora que estás sano, no vuelvas a pecar,
porque te puede pasar algo peor.»
Juan 5:14 (TLA)

IDENTIFÍCATE:
¿ERES UNA PERSONA EN ESCLAVITUD?

La Biblia expresa: «Han sido tan rebeldes, y los he castigado tanto, que ya no les queda un lugar sano. De pies a cabeza están cubiertos de heridas. Nadie se las ha curado ni vendado, ni les ha calmado los dolores con aceite. ¡Se han quedado sin fuerzas!» Isaías 1:5-6 (TLA)

La causa de tanta enfermedad y heridas emocionales de las personas se debe al pecado y esto tiene consecuencias en sus vidas, haciéndolos esclavos de pensamientos, sentimientos y acciones destructivas que le impiden gozar de paz interior.

Describiré a una persona que se encuentra enferma y en esclavitud emocional y espiritual. Es la persona que presenta serios problemas emocionales y espirituales debido a sus experiencias dolorosas en su andar por el mundo. Tiene problemas de concepto e imágenes inadecuadas sobre la idea de Dios y Satanás, por lo tanto, no ve su avance en su desarrollo espiritual. Viene del mundo con diferentes espinos nacidos del divorcio, la prostitución, el alcoholismo, el homosexualismo, la agresión, traumas emocionales desde la infancia, y en general por el pecado propio y de otros sobre su vida. Está seriamente dañada por lo que no puede actuar en amor porque sus ojos espirituales están cubiertos por los espinos del temor, la ira, la baja autoestima, la culpa, frustración y sentimientos de rechazo.

Estos sentimientos negativos afectan también sus emociones por lo que puede manifestar ansiedad, depresión, angustia y tiene profundos sentimientos de soledad y abandono. Su lenguaje desvirtuado le obstaculiza su crecimiento espiritual y no puede ver a Dios como un Padre de amor y de perdón. Esto se debe a que su área, emocional dañada afecta su vida espiritual porque es un ser que funciona en forma integral con sus tres áreas: espíritu, alma y cuerpo.

Esta persona no puede comprender qué es la gracia de Dios, porque en sus experiencias pasadas solo ha conocido el amor condicional, el rechazo, la traición. Por lo tanto, ha levantado mecanismos de defensa que le impiden confiar y creer en su palabra en lo más profundo de su corazón, o sea carece de convicción.

Hoy en día las personas se encuentran oprimidas y atormentadas por demonios, están enfermas emocionalmente, sus almas están en prisiones, cautivas y afligidas. Dios los menciona en el libro de Isaías 61:1 (TLA):

«El fiel servidor de Dios dijo: El espíritu de Dios está sobre mí, porque Dios me eligió y me envió para dar buenas noticias a los pobres, para consolar a los afligidos, y para anunciarles a los prisioneros que pronto van a quedar en libertad.»

Dios quiere darte todas las pautas para que puedas tener libertad y victoria en tu vida.

TE PERTENEZCO

«Dios mío, tú fuiste quien me formó en el vientre de mi madre. Tú fuiste quien formó cada parte de mi cuerpo. Soy una creación maravillosa, y por eso te doy gracias. Todo lo que haces es maravilloso, ¡de eso estoy bien seguro! Tú viste cuando mi cuerpo fue cobrando forma en las profundidades de la tierra; ¡aún no había vivido un solo día, cuando tú ya habías decidido cuánto tiempo viviría! ¡Lo habías anotado en tu libro!»
Salmos 139:13-16 (TLA)

Dios pensó en ti antes que nacieras, Él te creó, formó cada parte de tu cuerpo. Dios pensó en ti antes de crear el mundo y lo creó para que pudieras vivir en Él. Somos el centro de Su amor, lo más valioso de todo lo creado. Tu vida tiene una profunda razón de ser: encontrar tu propósito.

Dios siempre ha estado obrando en tu vida. Si acabas de comenzar a buscar de Dios, pueda que sientas que Él es una parte nueva de tu vida. En realidad, la Biblia deja claro que Dios ha estado obrando en tu vida aún antes de que nacieras. Cada día de tu vida está registrado en Su libro. Cada momento fue diseñado antes de que un solo día pasara. Desde la concepción hasta la muerte, Él tiene un plan para tu vida. Te ha puesto en esta tierra para que le conozcas, lo honres, y para ayudar a otros; y te ha estado buscando durante toda tu vida. La prueba más clara es que envió a Su Hijo Jesucristo a morir por tus pecados en la cruz. Lo hizo para que lo conozcas verdaderamente.

CONOCE AL DADOR DE VIDA

Ahora haz un acto de fe, cierra tus ojos y mira en tu interior cómo Dios agarra tu mano y dile: «Padre, háblame a través de Tu Palabra. Quiero conocerte y entrar a tu reino sobrenatural, porque solo no puedo cambiar, no puedo entender, necesito que tu Espíritu Santo me dirija, el mismo Espíritu que dirigió a Jesús».

«Porque yo no hablo por mi propia cuenta,
sino que mi Padre me envió y me dijo
todo lo que debo enseñar.»
Juan 12:49 (TLA)

El Espíritu Santo es el que se comunica con nosotros, es muy importante aprender a ser dirigidos por el Espíritu de Dios, ya que de eso dependerán nuestras victorias, nuestro crecimiento, nuestro avance, si no sabemos cómo ser dirigidos por el espíritu de Dios estaremos desfalleciendo, disminuyendo en vez de ir aumentando. La verdadera clave del poder y del éxito es Dios, es oír a Dios y obedecerle. Desafortunadamente miles o millones de cristianos no saben cómo ser dirigidos por el Espíritu de Dios.

Muchas veces no sabemos quién es el Espíritu Santo, pero déjame decirte que es la persona más bella, comprensiva, amorosa que hay en la tierra y es tan real que nos dirige, nos guía y nos quiere ayudar. El Espíritu Santo de Dios nos llevará a una victoria segura y garantizada antes de ir a la batalla. Es importante conocer las diferentes formas de cómo Dios nos puede dirigir, dice la Palabra que «lámpara de Jehová es el espíritu del hombre, la cual escudriña lo más profundo del corazón» (Proverbios 20:27 RV60). ¿Quién tiene la lámpara de Jehová? ¡El hombre!, quiere decir que tu espíritu es como una señal viva que transmite al Padre todo lo que piensas, hablas y dices, así que cuando el Padre quiere saber lo que hay en tu corazón, Él entra en contacto con tu espíritu.

«Porque ¿quién de los hombres sabe las cosas del hombre, sino el espíritu del hombre que está en él? Así tampoco nadie conoció las cosas de Dios, sino el Espíritu de Dios.»
1 Corintios 2:11 (RV60)

Tu espíritu recibe al Espíritu de Dios, que da testimonio al mundo. El Espíritu Santo da testimonio de tu espíritu que eres salvo, por eso cuando te alimentas más de la Palabra, tu espíritu entiende las cosas espirituales, y a Dios se le hace fácil comunicarse contigo. Cuando alimentas más tu carne, esta te controla y no deja fluir esa comunicación con Dios; así mientras más lees la Biblia, oras y más espiritual eres, fácilmente verás el cielo, tendrás revelación, guía o dirección de Dios, entonces es necesario alimentar tu espíritu.

«El Espíritu de Dios se une a nuestro espíritu, y nos asegura que somos hijos de Dios.»
Romanos 8:16 (TLA)

La gente está necesitada de escuchar la voz de Dios, pero en este mundo que está lleno de voces y ruidos, y se nos hace difícil escucharlo, especialmente cuando nuestro espíritu está débil y no puede entrar la frecuencia del cielo. Los seres humanos tenemos tres enemigos que nos impiden escuchar la voz de Dios: la carne, el espíritu del mundo y el diablo; los tres están unidos para destruirte, tú no puedes vencer al diablo si primero no vences tu carne. De los tres, el enemigo más fuerte es la carne. La carne es desconsiderada, no piensa en el cielo, no quiere nada con lo eterno, todo lo que quiere es tiempo, diversión, vanidad.

La Biblia habla de muchas personas que no valoraban lo que hacían los siervos de Dios y lo que Dios hacía por ellos. Tenemos el ejemplo del pueblo de Israel, que vieron tantos milagros y aun así muchos después renegaban y criticaban al siervo de Dios, Moisés. Hoy en día sucede lo mismo, estamos viendo cómo Dios hace milagros en nuestra vida, y pasado el tiempo nos olvidamos o desvalorizamos lo que hizo, a eso se les llama necios.

Debemos discernir la voz de Dios y dejar de lado otras voces para poder avanzar.

Primer principio:
La Palabra de Dios

Es básica y principal para ser guiados por Dios. Si la voz que escuchas en tu interior está en desacuerdo con la Biblia, repréndela porque es el diablo hablándote. Hay tantas sectas y tantos locos que tienen un sueño carnal y dicen: «Dios me dijo en sueños que dejara a mi mujer y que me casara con la hermanita que está en la alabanza y yo le voy a obedecer a Dios»; pero si consultaran su voz con la Biblia, se darían cuenta que no concuerda con la Palabra de Dios. La Biblia dice: «No adulterarás, no dejarás a la mujer de tu juventud».

Cuando el Espíritu de Dios habla en tu interior, Él nunca contradice lo que Él mismo inspiró. Hoy en día tenemos un montón de personas predicando disparates inventados por ellos, sacado de contexto, inventándose visiones y revelaciones, inventándose misterios que son antibíblicos y tienen un espíritu de confusión. La Palabra de Dios es lo primero que debes ver para saber si Dios te está hablando, sino es así te puede estar hablando tus emociones, confusión o el diablo, por eso hay tanta gente con iglesias inventadas, porque ellos dicen: «Dios me dijo que mi pastor no sirve y que yo ponga mi propia iglesia y me lleve a los hermanos que estén de acuerdo conmigo». Amigo y hermano, perdón, pero no le está hablando Dios. Él jamás habló contigo, porque Su deseo es que todos lleguemos a un mismo sentir, pensar y espíritu.

Tenemos que aprender a vivir sujetos a la Palabra de Dios, por eso hay muchas religiones muertas porque los hombres se inventan muchos disparates, y aunque la Biblia diga que no es así, no les importa. Pero déjame decirte que el cielo y la tierra pasarán mas Su Palabra no; así que no importa que venga un ángel y te diga que escribas otro libro que sustituirá la Biblia; no se trata de arcángeles ni ángeles: se trata de Dios, porque la Biblia fue escrita por el mismo dedo de Dios. La Biblia está por encima de todas la visiones, confirmaciones, revelaciones y los misterios que se predica; y te aseguro que si no está escrito en la Biblia, estás hablando disparates, no hay efectividad en tu mensaje. Dios nos mandó a hablar Su Palabra, no la nuestra.

Segundo principio:
El Discernimiento

No puedes tener testimonio del Espíritu Santo si no estás leyendo continuamente la Biblia, si no tienes constantemente comunión, compañerismo, pasar tiempo con Él. Por eso, mientras más estas con Él, más lo disciernes y tienes su testimonio. Por ejemplo, en un servicio de mi Iglesia, el Espíritu Santo me guió hacia una persona y me dio instrucciones de la enfermedad que padecía y hubo sanidad. Mi espíritu recibió testimonio del Suyo porque yo estaba alimentándome el día entero de Él, leyendo la Palabra, orando en lenguas, adorando, para tener mis sentidos espirituales abiertos, para declarar lo que Dios dice para hacerlo.

Por ejemplo, si un latino llega a un restaurante donde hacen comida angola (Landa) y no conoce nada; pero como trabaja todos los días y conoce todos los ingredientes y formulas, llegará un tiempo en que podrá preparar esa comida hasta con los ojos cerrados. Y eso es lo que exactamente sucede cuando pasas tiempo con las cosas del Espíritu, se hace más fácil entenderlo y hablar su idioma. Para recibir testimonio en tu espíritu debes relacionarte con las cosas espirituales. Cuando el Espíritu de Dios te está guiando, algo viene sobre ti y se llama paz que comienza a fluir y sientes vida en lo que haces.

> «Porque el ocuparse de la carne es muerte,
> pero el ocuparse del Espíritu es vida y paz.
> Su voz produce paz y produce vida.»
> Romanos 8:6 (RV60)

LA VIDA ES FÁCIL

«Pues mi yugo es fácil de llevar y la carga que les doy es liviana» Mateo 11:30 (NTV)

Que levante la mano quien dice que la vida es fácil. Si pudiera verte, diría que seguramente estés pensando que la vida no es nada fácil, o incluso, me estarás tachando de loca por plantearlo. Y es que, habitualmente, podemos sentir que la vida es difícil, dura, enredada.

Pero no es así; la vida puede ser sencilla y divertida, es como nosotros queramos que sea. Puedes decidir la forma de caminar la vida, puedes caminar sin avanzar, sin ver opción más allá, ser el que se queda en su cueva sin querer saber nada, solo transitar por ella. Pero la sencillez es la que permite redescubrirte, reconocerte, reencontrarte contigo mismo y con tu creador.

«El cielo y la tierra son testigos de que hoy les he dado a elegir entre la vida y la muerte, entre la bendición y la maldición. Yo les aconsejo, a ustedes y a sus descendientes, que elijan la vida, y que amen a Dios y lo obedezcan siempre. De ustedes depende que vivan muchos años en el territorio que él prometió a Abraham, a Isaac y a Jacob, los antepasados de ustedes.»
Deuteronomio 30:19-20 (TLA)

Escoger la vida es vivir a la manera de Dios, respetando los límites puestos por Él sin sentir sacrificio al hacerlo, sin pensar que no disfrutaremos de los placeres de esta vida. La Palabra de Dios nos advierte que «todo nos es permitido, pero no todo nos conviene» y lo que menos nos conviene es vivir enemistados con Dios, con los hombres y con el planeta que habitamos.

Los homicidios que a diario son cometidos por personas enemistadas con Dios y con lo creado por su mano, no existirían si ellos escogieran aprovechar su vida respetando la ajena. Además, ¿cuántos matrimonios permanecerían si se respetaran los limites dentro de esa unión? ¿Cuántos padres e hijos vivieran en armonía con solo respetar la individualidad de cada uno? Todo parece difícil, pero sí se logra cumpliendo el segundo mandamiento dado por Jesús:

«Amarás a tú prójimo como a ti mismo.»
Mateo 22:39 (RV60)

Si tenemos amor por nuestro prójimo, no lo matamos, no lo engañamos, no lo señalamos, no le robamos, no le procuramos ningún mal. Lo mismo pasa si aprendemos amarnos a nosotros mismos como Dios nos ama, ese amor que nos tengamos hará que valoremos nuestra vida y que nos esforcemos por ser felices, desarrollando los dones y talentos de cada uno. No olvidemos que los límites del éxito son puestos por nosotros y no por Dios, Él ya nos entregó la tierra para poseerla. ¿Qué te parece si cada comienzo de día escoges la vida? Y sigues el consejo escrito en el libro de Isaías:

«Ahora es el momento oportuno: ¡busquen a Dios!
¡llámenlo ahora que está cerca!
Arrepiéntanse, porque Dios está siempre dispuesto a perdonar; él tiene compasión de ustedes.
Que cambien los malvados su manera de pensar,
y que dejen su mala conducta.»
Isaías 55:6-7 (TLA)

Dios siempre está dispuesto para nosotros, Él siempre nos aconseja a dejar lo malo, porque sabe que nos trae muchas tribulaciones. Podrías decir que escribir o decir eso es fácil, pero la que está escribiendo sabe que con amor a Dios y perseverancia todo es posible. Sabes que lo bueno cuesta, ¿quieres una vida buena? Cuando decides salir del hoyo, del basurero, del lodo y de la cárcel, tu vida toma un giro de 180 grados en una forma sobrenatural con la presencia de Dios. No hay tempestad que te derribe, no hay crisis que te desbaste, no hay enfermedad que te agobie, porque aun en la tormenta tendrás esa paz que sobrepasa todo entendimiento.

EL AMOR ABRE PUERTAS

Cuando amas a las personas se abren multitud de puertas para ti. Solo ámalas. Ahora voy a compartir contigo algo realmente importante acerca del amor. Si tienes dificultad para recibir el amor de Dios o si tienes problemas amándote a ti mismo, Jesús dice: «Ama a tu prójimo como a ti mismo». Así que, si tienes problemas amándote a ti mismo, vas a tener problemas amando a otros.

Tienes que ocuparte de amarte a ti primero. Tienes que decir: «Señor, tú sabes, tengo problemas en recibir amor. Me cuesta recibir Tu amor por mí». Y si tú eres una de esas personas, te va a ser muy difícil amar a los demás. Nunca vas a amar a los otros. Tienes que ir a Dios y decir: «Señor, lléname de tu amor. Lléname de tu amor por las personas». Porque recuerda las Escrituras donde Jesús dice que Él es movido a tener misericordia. Él amó a Su creación. Él amó a sus hermanos y hermanas. Todo el que escucha puede amar; todos pueden amar. Quiero que mires dentro de ti y le preguntes al Señor: «¿Tengo problemas en amarme a mí mismo?» Porque esa puede ser un área donde puedes tener problemas para amar a los demás, porque no te ves a ti mismo como alguien que es amado por Dios.

¿Por qué no practicar el amor? Practica el amor, demuestra tu amor por las personas. ¿Sabes qué? La gente necesita escuchar esto, por cierto, quiero decirte que te amo. Solo ama a las personas. Para que recuerdes cómo demostrar el amor: ¿Hay alguien que Dios te pone en el corazón para que le ames mucho más?.

Mi reflexión

CAPÍTULO 2
AUTOLIBERACIÓN

El Espíritu del Señor está sobre mí, porque me ha ungido para llevar la Buena Noticia a los pobres. Me ha enviado a proclamar que los cautivos serán liberados, que los ciegos verán, que los oprimidos serán puestos en libertad, y que ha llegado el tiempo del favor del Señor.
Lucas 4:18-19 NTV

En esta época ya no hablamos sobre la liberación, porque tenemos una cultura moderna y especialmente cuando hablamos de la gracia y la forma en que se presenta la gracia, es como si todos estuviéramos bien y no hubiera nada de malo en nadie. Estás bien con Dios. Y creo que, por fe, estamos bien con Dios, pero hay áreas en nuestras vidas en las que necesitamos experimentar el poder liberador de Jesús. Por eso quiero que comprendas que es extremadamente importante la necesidad y la naturaleza de la liberación. Por eso te abro estas Puertas de Libertad.

Entraremos en un proceso de autoliberación donde necesitas tener mucha perseverancia en la oración hasta que se vean los frutos. Cuando notes que algo cambió en ti, que ya no tienes eso que tenías antes, esto indica que estás en un avance seguro de crecimiento espiritual. Es sumamente importante que antes de comenzar con cualquier tipo de oración de guerra espiritual, tú y tu familia se comprometan a no tener pleitos, contiendas, desacuerdos, intolerancia, quejas, insultos, críticas, griterías, reclamos, derrota, amargura, negativismo, pesimismo. Por favor, cambien el lenguaje familiar de maldición, todo esto debe desaparecer para siempre, porque con eso nunca verás contestadas tus oraciones. El lenguaje para utilizar debe ser de bendición que esté en concordancia con la oración, y debemos de declarar victoria de Dios en nuestro lenguaje cotidiano.

¡AYÚDAME!

«Han sido tan rebeldes, y los he castigado tanto, que ya no les queda un lugar sano. De pies a cabeza están cubiertos de heridas. Nadie se las ha curado ni vendado, ni les ha calmado los dolores con aceite. ¡Se han quedado sin fuerzas!» Isaías 1:5-6 (TLA)

«Señor: ¿Por qué no puedo cambiar? Deseo cambiar con todas las fuerzas de mi corazón, pero hay algo más fuerte que yo... me domina y no puedo. Y vuelvo a caer y una y otra vez en lo mismo.»

¡Cuántas personas están en ésta situación! Cuántas personas tienen cosas tan arraigadas en su ser, que prácticamente están dominando sus vidas y acabando con sus mentes. Puede ser la pornografía, vicios, decir mentiras o sencillamente tener gula o ser una persona que le cuesta sonreír, estos hábitos demuestran que tienes un área pecaminosa en tu vida, y está tan arraigada que estás preso en eso, es una cautividad y lo escondes por medio de la hipocresía. Así es, por medio de la hipocresía, porque tal vez nadie sabe tu problema, aparentas lo que no eres y puede que casi nadie sepa la procesión que estás llevando por dentro.

Ya intentaste de todo, pero no puedes. Y es porque es un pecado que hizo una morada en tu sistema, se afianzó y se empotró allí. ¿Por qué? Porque tiene autoridad sobre ti y no va a salir a menos que ocurra un milagro.

Así es. Acuérdate que Israel nunca hubiera podido salir de la esclavitud de Egipto a no ser por la intervención dramática y agresiva del Padre. Pero no pierdas las esperanzas, porque el que quiere ser libre, tiene a un Dios Todopoderoso, tiene al Hijo que apareció para deshacer las obras de las tinieblas, y Él lo va a hacer si tú te acercas y le entregas tu corazón.

Primer paso: Reconocer

«Por eso, dejen de pecar y vuelvan a obedecer a Dios. Así él olvidará todo lo malo que ustedes han hecho, les dará nuevas fuerzas.» Hechos 3:19 (TLA)

Todo comienza con reconocer que pecamos y que cometimos un error. No debemos dejar pasar más tiempo. No tenemos que atormentarnos ni sufrir más. Siempre seremos perdonados en el nombre de Jesús, ya que conocemos Su gracia y reconocemos que en Él hay todo el amor y la paz que necesitamos para seguir en el camino del Espíritu Santo.

Dios es un Dios de amor y jamás rechazará a una persona que se arrepienta y se le acerque en fe. No hace acepción de personas. No rechaza a la gente con base en su color, cultura o género. Dios es amor:

«Todos los que mi Padre ha elegido para que sean mis seguidores vendrán a buscarme; y cuando vengan, yo no los rechazaré.»
Juan 6:37 (TLA)

Dios jamás se negará a alguien que venga a Él en fe, amor y arrepentimiento. Pero eso no significa que Dios no rechace personas. Ser rechazado por Él viene como resultado de que una persona se rehúse a recibir Su conocimiento.

«Mi pueblo no ha querido reconocerme como su Dios, y por eso se está muriendo. ¡Ni los sacerdotes me reconocen! Por eso no quiero que sigan sirviendo en mi templo. Ya que olvidaron mis mandamientos, yo también me olvidaré de sus hijos.»
Oseas 4:6 (TLA)

Arrepiéntete de todo corazón y confiesa a Dios esa área pecaminosa todos los días, y suplícale que venga sobre ti el arrepentimiento. Luego renuncia firmemente a ese pecado. Te aviso que no es fácil, puede producirte mucha angustia y ansiedad, pero si te decides, vas a lograrlo. Al tiempo, tal vez enseguida o en unos días, vas a experimentar deseos de llorar, y tienes que llorar hasta quebrarte, hasta caer postrado gimiendo, suplicando al Padre que te perdone. Llora hasta sacar todo el dolor, no importa cuánto tiempo dure. Es liberación. Ese es un momento crítico, un momento de parto.

Segundo Paso: Quebrantamiento

Quédate en ese nivel de quebrantamiento y habla con Dios con todo tu corazón y pídele que te transforme por medio de la renovación de tu entendimiento. Debes limpiar tu sistema pensante y sacar los pensamientos basura de tu mente. Si tienes pensamientos puros y limpios no estarías enfermo. Vas a meter la Palabra de Dios en tu mente, tienes que obsesionarte con eso. Para comenzar, puedes leer Salmos 51, 23 y 19 mientras vas derramando tu corazón delante del Él. Si sientes ayunar, hazlo. El Padre se comenzará a revelarte y te mostrará cosas. Déjate guiar por Su Santo Espíritu.

Si no decides para que tu entendimiento cambie, no habrá un cambio en tu forma de vida, seguirás atormentado en ese pecado que te ha atrapado.

Tercer paso: Honestos y sinceros

«No está bien que ustedes se sientan orgullosos de esto. Seguramente saben que basta un poco de levadura para hacer crecer toda la masa. Por lo tanto, dejen de pecar» 1 Corintios 5:6-8 (TLA)

Malicia y falta de sinceridad todos lo tenemos y por eso estamos como estamos. Jesús fue sepultado al comenzar la fiesta de los panes sin levadura. Él representa al poder máximo para sacar el pecado del mundo, porque Él no cometió pecado, pero sí murió por ellos, cargándolos sobre sí mismo. Y nos transfiere ese poder a nosotros para que tengamos autoridad de sacar la hipocresía y la malicia de nuestra vida y ser también como panes sin levadura llenos de sinceridad y de verdad. Eso es lo que va a obrar en ti.

La sinceridad significa reconocer tus miserias y decidirte por un corazón puro. Supone la determinación de salir de donde estás, del pecado, decidir cambiar y separarte de todo mal que pueda tener una influencia de corrupción. Tal vez ya estés listo para cambiar. Solo tienes que decidirte por el Señor y seguirlo. Vuelve y Él enderezará tus veredas.

Repite esta oración

Querido Dios, soy un pecador y te pido perdón por lo que estoy muy arrepentido. Creo que tu sangre lavó todos mis pecados y no tienes memoria de ellos, y estoy limpio. Ahora que estoy limpio, Jesús, ven a vivir dentro de mí; te hago mi Salvador, te hago mi Señor. Quiero tener mi propio conocimiento experiencial de ti; lléname de tu gloria; le pido al Espíritu Santo que dirija mi vida y alumbre mi caminar; lo pido en el nombre de Jesús. Amén.

¿CÓMO PUEDO EXPERIMENTAR SER LIBRE?

El poder liberador de Dios está contenido en la sangre de Jesús, la Palabra y la fe. La Biblia nos dice que la vida está en la sangre. La sangre de Jesús libera. Sabes, Satanás reconoce la sangre. Debido a la sangre de Jesucristo tienes derecho a ser libre. Tienes derecho a vivir en victoria. Y hay momentos en tu vida en los que estás lidiando con la esclavitud cuando estás lidiando con el miedo, cuando estás lidiando con la opresión, y debes entender que la sangre nunca ha perdido su poder. Cada vez que escuchamos la Palabra de Dios la recibimos y creemos en ella, obtenemos el poder liberador de Dios en nuestras vidas. Jesús dijo que echaríamos fuera demonios con Su Palabra. «Él daría a conocer la palabra de Dios.» Y cuando la dio a conocer, la gente fue liberada de su cautiverio y esclavitud. Todo lo que necesitas es una palabra.

¿Sabes, amado, que una palabra puede cambiar tu vida? Una palabra puede liberar a los cautivos. Y sé lo que estás pensando, estás diciendo: «Edith, te escucho, pero no lo entiendes. Soy adicto a los cigarrillos desde hace veinte años. Lo he intentado todo. He ido a terapia.

He hecho esto. He hecho aquello». La fe. Déjame decirte algo, la Biblia dice que «Su Palabra no volverá vacía». No me importa cuánto tiempo has fumado. No me importa si tienes un título en tabaquismo. Declaro en el nombre de Jesús que hoy es un día de tu libertad, en el nombre de Jesús de Nazaret. Su nombre es más poderoso que tu adicción. Su nombre es más poderoso que tu atadura. Declaro que hoy serás libre en Jesús.

Creo que Dios quiere ministrarte hoy. Creo que hoy es un día de tu gran avance. Me atrevo a decir algo muy, muy audaz. Cualquiera que lea esto será liberado hoy. Déjame decirlo de nuevo. Cualquiera que lea esto va a ser liberado hoy. Todo lo que necesitas hacer es creer.

¿Puedo orar contigo, amado? No sé con qué estás lidiando. Algunos han estado atados por un espíritu de pobreza. Dondequiera que mires hay escasez. En todas partes, el enemigo está atacando tus finanzas. Necesitas ser liberado de eso. Algunos están atados por un espíritu de chisme y crítica. Juzgas a todo el mundo. Incluso te juzgas a ti mismo. Hablas de todo el mundo. Alguien te da la espalda y empiezas a hablar de ellos, hay algo mal contigo, eso no es de Dios. Amado, debes reconocer que ese no es el espíritu de Dios. Ese es el espíritu del enemigo. Y quiero declarar hoy que vas a ser libre de adicciones, perversiones, lo que sea. Alguien está lidiando con el miedo. Has estado luchando con eso desde que eras niño. En medio de la noche sentiste una presencia amenazante. Y Dios dice que quiere liberarte de eso para que puedas dormir. Te lo digo a partir de esta noche, alguien va a dormir tan profundamente que ni siquiera una alarma te despertará. Gloria a Dios. Oro ahora mismo porque creo que el espíritu de Dios te está hablando.

Oremos juntos

Padre celestial, creo que Jesucristo es Tu Hijo. Creo que sufrió en la cruz y murió. Creo que derrotó a Satanás y resucitó. Y hoy lo acepto como mi Señor y mi libertador. Dijiste en tu Palabra en Romanos 10 que si invoco Tu nombre, me librarás. Ahora mismo en el nombre del Señor Jesús de Nazaret, Yeshúa, líbrame y libérame en cada área de mi vida. Suplico la sangre sobre mi mente, mi cuerpo, mi alma; cada parte de mi ser te la doy. Satanás, apártate de mí ahora. Adicción, vete, miedo, vete, enfado, vete. Lujuria vete ahora en el nombre de Jesús. Declaro que soy 100 % libre debido a la cruz, en el nombre de Jesús. Amén.

Amado, si oraste esa oración, hoy es tu día de gran avance. Tu vida nunca será la misma. Dios te bendiga. Dios te guarde.

Quiero que pienses en algo. Cuando Jesús caminó por la Tierra y predicaba y sanaba a los enfermos, nunca lo vieron rogando para sanar a una persona. Nunca dijo: «Dios, por favor, por favor, por favor, sana a esta persona». Nunca rogó, nunca se quejó. Sabía que cuando lo decía, sucedía. De la misma forma, cuando Jesús predicaba liberación a una persona, nunca rogó que salieran los demonios, nunca se sentó ahí durante tres horas e hizo calistenia con los demonios para intentar que salieran. Él decía: «Váyanse», y los demonios se iban. Eso es autoridad. La capacidad de ordenar a las cosas que se muevan y se deben mover. El derecho legal de tomar dominio sobre el enemigo, es lo que le ha dado a cada creyente.

Ahora, ¿por qué esto es tan importante? Bueno, déjame compartirte un testimonio. Cuando yo era una joven creyente, estaba atormentada por el enemigo y ni siquiera me daba cuenta. Aun cuando fui salva por primera vez, empecé a tomar en serio las cosas del Señor y fui llena del Espíritu Santo estaba muy emocionada de ser salva y descubrí algo bastante interesante. Alguien llamado diablo. Quiero decir, sabía que estaba ahí pero no sabía que trataría de dañarme. Literalmente intentó lastimarme. Iba a dormir por las noches y tenía pesadillas mientras dormía. Me atormentaba por completo en mi sueño. Y yo decía: «Sé la respuesta a esta pregunta, conozco la solución a este problema: Ya no te duermas más». Pero esta no era la respuesta, amado, esa no era la voluntad de Dios. Dios permitió al enemigo atacarme para mostrarme quién era yo y qué tenía. Y estoy aquí para decirte que necesitas entender quién eres y lo que posees. ¿Por qué? Escribe esto y entiéndelo. La autoridad que no sabes que tienes es una autoridad que no puedes aplicar. Verás, el enemigo quiere mantener a la iglesia ignorante de su autoridad, porque si puede mantenernos ignorantes de nuestra autoridad, nos oprimirá sin resistencia. Es lo que hacen los bravucones, los criminales, los terroristas; no quieren que sepamos lo que están haciendo. No quieren que sepas que tienes poder sobre ellos. Usan el miedo y la intimidación y la manipulación para controlarte y tenerte sujeto a su castigo, atropello y abuso. Pero estoy aquí para decirte que el día de tu atropello, el día de tu abuso ha terminado. Este es un nuevo día y te digo, amado, que Dios te dio la *exousia*, que significa autoridad o poder de Jesucristo, para lidiar con el diablo.

Muchas veces, la gente le tiene miedo al enemigo. No sé cómo hayas crecido, pero nos enseñaron a temer al diablo. De hecho, muchas veces, cuando lo mencionan en la iglesia, la gente calla. Es temor. Nos enseñaron el temor al coco, la oscuridad y a Casper y todo lo demás que era visto como malo o malévolo. Cuando la gente pasa por cosas, piensan: «Alguien me echó una maldición, alguien me está haciendo brujería». Y te digo, la gente teme a las maldiciones y demonios y todo eso está diseñado para causar miedo. ¿Por qué esto es importante? Nunca se podrá ejercer autoridad sobre algo que se teme. El miedo les provocará abdicar su autoridad y renunciar a sus derechos. Así que, amado, ¿quieres ser libre para siempre? Obedece los mandamientos, porque al hacerlo te santificas, te dan pureza y Satanás no puede tocarte, porque hay autoridad en ti para ser libre y vivir plenamente en gozo y bendición.

¡ORGULLO!

Satanás tiene muchas estrategias para destruirte, pero también Dios tiene armas más efectivas para defenderte y lograr esa buena vida que tanto anhelas. Tómate de la mano de Dios y vamos.

El mayor problema de los seres humanos es el orgullo. La humildad es una condición que niega al orgullo, trata de que todos nos sintamos iguales, e incluso no destacar frente a aquellos que consideremos inferiores. La humildad es algo que debemos de trabajar todos los días, tratar a los demás por igual sean cuales sean sus circunstancias, tratar a la gente con el mismo respeto sin mirar de donde proceden ni lo que representan. La humildad es pues, una cooperación entre ambas partes, una forma de ver la vida sin orgullo, pero sobretodo sin superioridad frente a nuestros semejantes.

«Dios se opone a los orgullosos,
pero brinda su ayuda a los humildes.»
1 Pedro 5:5 (TLA)

Este versículo nos muestra el agudo veredicto de Dios contra el orgulloso. Una resistencia, un resistir de parte de Dios significa: «No te acepto, nada tengo que ver contigo, estoy apartado de ti, no tengo ningún tipo de comunicación contigo». Tal vez nos quejamos de que estamos espiritualmente muertos, tenemos dificultades al orar, Dios no contesta nuestras oraciones y decimos que estamos solos. La razón puede ser el orgullo. Meditemos el ejemplo de Ezequías.

«Por aquellos días Ezequías se enfermó gravemente y estuvo a punto de morir. Entonces oró al Señor, quien le respondió y le dio una señal extraordinaria. Pero Ezequías no correspondió al favor recibido, sino que se llenó de orgullo. Eso hizo que el Señor se encendiera en ira contra él, y contra Judá y Jerusalén. Luego Ezequías, junto con los habitantes de Jerusalén, se arrepintió de su orgullo, y mientras él vivió, el Señor no volvió a derramar su ira contra ellos.» 2 Crónicas 32:24-26 (NVI)

Por causa de nuestro orgullo, Dios se nos opone y rehúsa responder. O tal vez nos parezca que estamos malditos, todo nos sale mal y no tenemos éxito en nada de lo que emprendemos, no importa cuánto esfuerzo hagamos. ¿Y sabes por qué? Porque Dios no puede bendecirnos: tu orgullo ha cerrado la puerta.

El enemigo hará lo imposible para que no reconozcas este pecado. La técnica más sucia que tiene es evitar que conozcamos la verdad, evitar que sepamos porque somos infelices y desviarnos definitivamente de los propósitos que Dios tiene para nuestras vidas, y todo esto, por medio de la manipulación y lo oculto. Al saber la verdad, quedaremos libres; por eso, es que trabaja tanto en lo oculto. Mientras no sepamos la verdad, estaremos atrapados en sus manos, por más espirituales que parezcamos. Él oculta y nos manipula para que siempre ese orgullo, esa soberbia estén disfrazados, tanto que ni nosotros lo sabemos y no lo podemos percibir. Este orgullo escondido es el pecado más peligroso que un cristiano puede tener.

¿Cuáles son los síntomas del orgullo entonces? Tómese una pequeña evaluación en este momento:

1. Nos molestamos mucho cuando la gente nos presta poca atención.

2. Nos molestamos cuando nos hacen esperar.

3. Somos muy independientes: somos autosuficientes.

4. Si se olvidan de agasajarnos por un logro, un premio, un ascenso o un reconocimiento, nos molestamos.

5. Nos molestamos si los amigos se olvidan de nuestro cumpleaños.

6. Tendemos a cuestionar a los superiores y a pensar que nosotros deberíamos estar en su lugar, esto es lo que hizo Satanás cuando era querubín.

7. Queremos que nos tengan en cuenta en todo.

8. Siempre queremos tener la razón en todo.

9. La opinión de los demás es poca cosa.

10. Nos cuesta mucho perdonar y pedir perdón.

11. Somos arrogantes y altaneros, somos respondones, no permitimos que nadie nos pase por encima.

12. Nos cuesta reconocer la belleza, capacidad, talento, de otra persona o nunca lo hacemos.

13. Nos resulta muy fácil poner en ridículo a los demás, burlarnos o ser irónicos.

14. Fácilmente pensamos en la revancha.

15. Creemos que separados de Cristo podremos enfrentar nuestro matrimonio, nuestro trabajo, nuestra vida.

16. No reconocemos cuando hemos fallado, siempre nos justificamos.

17. No queremos recibir ayuda ni favor de nadie: nosotros podemos solos con todo.

18. No recibimos consejo de nadie: nosotros ya lo sabemos todo.

19. No aceptamos ninguna crítica, aunque sepamos que es para nuestro bien.

20. No somos agradecidos con nadie. En el fondo pensamos que la gente tiene que sacrificarse por nosotros o tiene que darnos lo que necesitamos, porque nos merecemos ese trato.

EVALUACIÓN

Primera Parte: Todas son "No".
Segunda Parte todas son "Si".

Si te identificas con cuatro o más frases, entonces tienes problemas de soberbia y orgullo.

Por otro lado, nos sentimos tristes cuando no nos tratan según nos merecemos, porque supuestamente tenemos tantos talentos, capacidades, tenemos tanta educación, posición y la gente debería reconocernos. A veces nos sentimos avergonzados de que nuestros padres tengan un origen humilde. Todas estas cosas van oprimiéndonos y nos hacen sumamente infelices. Y con todo esto encima, es muy difícil pedir ayuda, y reconocer que necesitamos liberación. Sepa que aquí está el orgullo oculto.

El orgullo puede aparecer de muchas formas solapadas diferentes y solo el Espíritu Santo de Dios puede darnos luz sobre estas cosas. El orgullo oculto puede acabar con nuestra vida espiritual y puede arruinarlo todo en nuestra vida natural. Tenemos que hacer todo lo posible por descubrir el orgullo en nuestras vidas. Mira lo que Dios dice del orgulloso:

«El Señor aborrece a los arrogantes. Una cosa es segura: no quedarán impunes.» Proverbios 16:5 (NVI)

«Al orgullo le sigue la destrucción; a la altanería, el fracaso.»
Proverbios 16:18 (NVI)

«Amen al Señor, todos sus fieles; él protege a los dignos de confianza, pero a los orgullosos les da su merecido».
Salmos 31:23 (NVI)

Aparte de esto, habrá juicio para los orgullosos, soberbios, acuérdate que puedes ser usado por Dios, pero terminar no siendo aprobado.

«Un día vendrá el Señor Todopoderoso contra todos los orgullosos y arrogantes, contra todos los altaneros, para humillarlos.»
Isaías 2:12 (NVI)

El pecado del orgullo es el pecado satánico por excelencia, es el pecado de actitud mental más grave en el reino de Dios porque Satanás es el orgullo personificado.

La orden de Dios para nuestra vida es la siguiente:

«Así mismo, jóvenes, sométanse a los ancianos. Revístanse todos de humildad en su trato mutuo, porque Dios se opone a los orgullosos, pero da gracia a los humildes». Humíllense, pues, bajo la poderosa mano de Dios, para que él los exalte a su debido tiempo. Depositen en él toda ansiedad, porque él cuida de ustedes.»
1 Pedro 5:5-7 (NVI)

Si pedimos a Dios que Él mismo trate con esta área de nuestra vida. Él, como Padre, lo va a hacer, pero tenemos que estar dispuestos a dejar ser tratados, y el tratamiento puede ser durísimo.

Te daré ejemplos que Dios puede utilizar para destronar el orgullo de nuestro corazón:

- Dios puede poner en nuestro camino a alguien que no quiera perdonarnos.
- Dios puede hacernos bajar de ese alto puesto que

tenemos en nuestro lugar de trabajo.
- Dios puede hacer que nos nieguen un reconocimiento justo.
- Dios puede hacer que quedemos parados en una recepción, y no nos den lugar.
- Dios puede hacer que tengamos que escuchar críticas hacia nosotros y debamos sonreír.
- Dios puede hacer que tengamos que pedir favores o ayuda.
- Dios puede hacer que otro deba pagar una cuenta que nosotros no podemos pagar.
- Dios puede hacer que tengamos que ir a pedir perdón.
- Dios puede hacer que tengamos que ir a suplicar, implorar.
- Dios puede hacer que nos hagan esperar mucho.

Sea cual fuera el método de Dios, tenemos que estar dispuestos a ser tratados por Él si queremos salir de la vida miserable del orgullo. Toda situación humillante que se presente en nuestra vida trabajara para matar el orgullo. Si estamos dispuestos a pagar el precio, nuestro orgullo deberá derrumbarse. Tenemos que quedarnos quietos y no tratar de llamar la atención hacia nosotros. Si todo esto lo hacemos por amor a Jesús, Él honrara nuestra decisión. Jesús era humilde de corazón (Mateo 11:29) ¡pese a que tenía una majestad, una autoridad y una sabiduría que nadie tuvo jamás! Él venció el pecado y el poder del orgullo, y si lo invocamos Él vendrá en nuestra ayuda. No podemos hablar con falsa humidad y decir que somos como cucarachas o gusanos, porque eso es ir contra la Palabra de Dios que dice que somos semejantes a Él. Tampoco podemos pretender ser los primeros, ser los reconocidos o ser siempre recordados: esto a Dios no agrada en absoluto. Que cada uno sepa sus limitaciones, sus capacidades y tenga mucha sencillez en su corazón.

Te invito hacer esta oración de poder que te librará del orgullo.

Oración de autoliberación
Padre Celestial, vengo ante ti y reconozco que soy pecador. Te suplico ahora que vengas a mi vida y entres y te quedes en mi casa interior. Te abro completamente las puertas de mi corazón. Sé mi Dios y mi Salvador único y suficiente. Confieso y pido perdón por todo pecado de soberbia, orgullo, autosuficiencia, vanagloria que haya en mi vida. Pido liberación de estos pecados. Me someto totalmente al Espíritu del Dios viviente y entro en tu trato divino para ser una persona tratada, moldeada y quebrantada por ti. Renuncio ahora con todas las fuerzas de mi ser al orgullo, a la vanagloria, a la soberbia, a la autosuficiencia. Los ato y los echo fuera de mi vida en el poderoso nombre de Jesús. ¡Fuera, ahora!

Espíritu Santo, toma todo mi ser interior, toda mi casa interior, ocupa ahora tu ese lugar donde antes estaban estos inmundos y nunca más los dejes pasar. Te invoco ahora Espíritu Santo, que me tomes, me llenes y te apoderes totalmente de mi ser y me ayudes. Te pido seas mi consejero, mi compañero y mi consuelo por el resto de mis días. Me someto totalmente ahora al

Espíritu del Dios viviente.

Padre Celestial, te encomiendo ahora esta oración, confío plenamente en Ti y sé que lo harás. Gracias porque por fe yo recibo tu liberación. Padre, estoy en tus manos ahora, ayúdame, sáname. Gracias porque tu humildad llega a mí, la recibo por fe. Ahora, revísteme de tu carácter humilde, Padre del Cielo. Yo lo arrebato ahora, lo tomo por fe, en el nombre de Jesús. ¡Gracias por esta liberación! Amén.

EL TORTURADOR

«...Y, enojado, su señor lo entregó a los carceleros para que lo torturaran hasta que pagara todo lo que debía.»
Mateo 18:34 (NVI)

El torturador llega por la falta de perdón. A mis veinte años, sin la dirección de una familia y mucho menos la de Dios, no tenía una identidad, buscaba la estabilidad y aprobación a través de un hombre que me amara y poder hacer mi propia familia y eso me haría feliz; vivía en un mundo idealista, que al despertar a la realidad solo podía ver frustración, y eso me llevó a caminar por rumbos equivocados que casi me lleva a la muerte. Buscando una vida diferente, decidí viajar donde una amiga que estaba a punto de casarse y su prometido estuvo de acuerdo que llegara a su boda, para luego seguir el viaje a Estados Unidos.

Pero al llegar donde ellos, me di cuenta que el prometido de mi amiga tenía un compromiso de negocios en Estados Unidos y él tenía que irse, pero al regresar de sus negocios, su actitud era muy diferente, me mostró lo que había llevado: un baúl grande lleno de dólares, ahí me di cuenta que había llegado a la casa de un narcotraficante de Uruapan Michoacán. Me llené de temor y le pedí a Dios que pronto me fuera de ese lugar ya que en ese momento dependía de la ayuda de ellos, pero esa noche me desperté en la obscuridad de mi cuarto con una pistola en mi cabeza y jalándome fuera de la habitación porque mi amiga y yo seríamos ejecutadas a muerte.

No podía entender lo que estaba pasando, en mi mente comencé a clamar a Dios, a decirle cómo podía salir de esa situación, que me ayudara, y Dios me escuchó y me ayudó porque pude escapar de esa situación. Regresé a mi país y a mi casa, pero un sentimiento muy raro se apodero de mí, me puse a pensar que él no tenía ningún derecho de quitarme la vida, porque yo no había hecho nada malo; mis sentimientos me llevaron a desear matarlo, y comprendí que lo que sentía era odio por esa persona.

Los días fueron pasando, pero para mí cada día era peor, cada minuto en mi mente lo asesinaba de una y otra forma, hasta llegar a matarlo en mi mente de la manera más cruel. Llegó el momento que ya no podía dormir y comencé a sentir mucho miedo, por las noches ya no podía apagar la luz, porque al apagarla, espíritus atormentadores se manifestaban y rasgaban las paredes y la mesa de noche para asustarme. ¡Ya no podía más!, el odio me estaba matando.

El odio es un veneno que corroe al alma de quien lo posee. En esa época era recién convertida a Jesús, pero Él ya estaba en mi vida ayudándome, estaba desesperada y le pedía Su ayuda, no podía parar esos pensamientos de destrucción. Una voz suave me dijo:

«Levántate y lee mi Palabra»; busqué una Biblia y la abrí y leí en Mateo 6:12 (DHH):

«Perdónanos el mal que hemos hecho,
así como nosotros hemos perdonado a los que
nos han hecho mal.»

Esa noche derramé mi corazón ante Jesús y le conté todo lo que sentía y por qué lo sentía; le pedí perdón por toda la maldad que había en mi corazón, le dije que por mi propia voluntad no podía perdonar a esa persona que atentó contra mi vida, pero por obediencia yo decidía perdonarlo y que Él me ayudara. ¡Mi vida cambió para bien! La falta de perdón me estaba enfermando, estaba desperdiciando mi vida intentando ajustar cuentas en lugar de cumplir mi propio destino y caminar en mi llamado. Me di cuenta de que es muy importante que perdonemos a todos aquellos que nos dañaron para poder ser libres y continuar con nuestra vida, pero no solo eso, también debemos aprender a perdonar nuestros propios pecados. Muchas personas se pasan la vida odiando a los demás y planificando venganza. El rencor no tiene amigos. Y la falta de perdón invita a los demonios torturadores para que nos torturen, compruébalo en la Biblia.

«Por eso el reino de los cielos se parece a un rey que quiso ajustar cuentas con sus siervos. Al comenzar a hacerlo, se le presentó uno que le debía miles y miles de monedas de oro. Como él no tenía con qué pagar, el señor mandó que lo vendieran a él, a su esposa y a sus hijos, y todo lo que tenía, para así saldar la deuda. El siervo se postró delante de él. "Tenga paciencia conmigo —le rogó—, y se lo pagaré todo". El señor se compadeció de su siervo, le perdonó la deuda y lo dejó en libertad. Al salir, aquel siervo se encontró con uno de sus compañeros que le debía cien monedas de plata. Lo agarró por el cuello y comenzó a estrangularlo. "¡Págame lo que me debes!", le exigió. Su compañero se postró delante de él. "Ten paciencia conmigo —le rogó—, y te lo pagaré". Pero él se negó. Más bien fue y lo hizo meter en la cárcel hasta que pagara la deuda. Cuando los demás siervos vieron lo ocurrido, se entristecieron mucho y fueron a contarle a su señor todo lo que había sucedido. Entonces el señor mandó llamar al siervo. "¡Siervo malvado! —le increpó—. Te perdoné toda aquella deuda porque me lo suplicaste. ¿No debías tú también haberte compadecido de tu compañero, así como yo me compadecí de ti?" Y, enojado, su señor lo entregó a los carceleros para que lo torturaran hasta que pagara todo lo que debía. Así también mi Padre celestial los tratará a ustedes, a menos que cada uno perdone de corazón a su hermano.»
Mateo 18:23-35 (NVI)

Perdonar es una decisión y no un sentimiento. Después de decidir perdonar y soltar la furia, la rabia y el resentimiento, entonces Dios obra una paz tan sobrenatural y permite que sintamos que hemos perdonado. Pero si decidimos no perdonar, viviremos en la oscuridad, nuestros pensamientos no tendrán claridad, andaremos en confusión, debilitados, atormentados, torturados y comenzamos a cometer errores, uno tras otro. Un alma llena de enojo y amargura jamás tendrá pensamientos claros. La falta de perdón es oscuridad.

¡Hoy es tu día! Si quieres ser libre de ese espíritu torturador debes soltar todo resentimiento, rencor y odio para que tu vida sea transformada de acuerdo con el propósito de Dios. Te invito a orar de esta manera.

Oración de autoliberación
Padre Celestial, ayúdame a ser una persona que perdona y muéstrame cuando no lo hago. Te doy permiso y total autoridad para que busques en mi alma y en todos los rincones de mi alma algún indicio de falta de perdón. Y si hay esa falta de perdón, revélamelo, te suplico, para que yo pueda confesártelo como pecado. No permitas que se aniden en mi alma la amargura, el enojo, el resentimiento, la envidia, suplico que me ayudes a mantenerme libre de esos sentimientos; dame una señal para que yo pueda saberlo para desalojarlos de mi ser. Hazme comprender completamente tu perdón hacia mí, para que yo pueda también perdonar la falta en otros, al fin y al cabo, nadie puede ofenderme más de lo que ofendieron a tu Hijo Jesús. Tú sabes la historia completa de cada acontecimiento que me lastimó, Padre, a ti te toca el juzgar. No me importa si ellos creen que tienen la razón. No me importa si ellos nunca pidieron

una disculpa. No me importa que ellos se retracten, se corrijan o justifiquen. Todo eso solo te pertenece a ti y tu justicia siempre brilla. Y si alguna vez me he quejado de ti y te he culpado de mi desgracia, de mi suerte, de que no me escuchas o que me has abandonado, te suplico ahora que me perdones y pueda comenzar una nueva relación contigo.

Padre eterno, quiero perdonar a mis padres cualquier ofensa que me hayan hecho. Decido perdonarlos completamente y bendecirlos. Hoy decido perdonar:

Este es un momento muy importante de la ministración, porque debes nombrar a todos y cada uno de los que debes perdonar y lo vas a hacer en voz alta.

Ahora perdono a... (nombrar ahora a todas las personas, tantos vivos como muertos), y suplico, Señor, que tú también los perdones, ruego por ellos. Ahora los perdono voluntariamente y suelto todo rencor, odio, resentimiento, amargura y dolor de mi corazón y recibo la paz, el gozo y el consuelo de mi Señor Cristo Jesús. Lo recibo ahora por fe. Pon tu bálsamo sanador sobre mi corazón. Padre bendito, que sea sanado de toda experiencia de rechazo, maltrato, abuso, humillación, venganza, dolor, traición que haya pasado en mi vida. Recibo ahora tu sanidad, la recibo por fe. Recibo tu gozo y tu alegría, lo recibo todo ahora por fe. Sea sobre mí ahora un espíritu perdonador.

También te encomiendo, Señor, que pueda perdonarme por todos los errores cometidos en el pasado. Ayúdame a olvidarlos. Señor, ayúdame a no condenarme, a no culparme y a entender que las cosas viejas ya pasaron. Libérame de todo sentimiento de auto condenación, condenación, culpa y tormento, y que pueda yo enterrar mi pasado y seguir hacia adelante, hacia la meta que Tú tienes para mí. También suplico que si alguna persona tiene falta de perdón hacia mí, que ablandes su corazón y pueda perdonarme sinceramente. Muéstrame lo que tengo que hacer para resolver esta situación, y crea el momento adecuado para una reconciliación. Hoy escojo caminar en la luz así como Tú. Escojo la vida y el perdón, desecho la amargura, la tristeza y la confusión. En el poderoso nombre de Jesús. Amén.

ANULA LOS PLANES DE SATANÁS

«Después hubo una batalla en el cielo. Uno de los jefes de los ángeles, llamado Miguel, acompañado de su ejército, peleó contra el dragón. El dragón y sus ángeles lucharon, pero no pudieron vencer, y ya no se les permitió quedarse más tiempo en el cielo. Arrojaron del cielo al gran dragón, que es la serpiente antigua, es decir, el diablo, llamado Satanás, que se dedica a engañar a todo el mundo. Él y sus ángeles fueron lanzados a la tierra.» Apocalipsis 12:7-9 (TLA)

¿Sabías que Dios tiene un ejército de ángeles en el cielo y así como vemos en la tierra el ejecito natural de un país o gobierno? La Biblia menciona al arcángel Miguel como un guerrero, podría ser un general del ejército del cielo, pero Dios también tiene guerreros espirituales aquí en la tierra que luchamos por la salvación, liberación y sanación de las personas. ¿Por qué luchamos? Porque en la actualidad, Satanás ha ganado señorío en la tierra, lo cual significa que la humanidad está confundida, engañada por las artimañas y estrategias del diablo y nosotros, los guerreros de Jesucristo, estamos para desarticular las mentiras y artimañas del diablo a través de la verdad de Cristo.

Quiero desafiarte a que entres en guerra espiritual, porque nosotros tenemos un enemigo real y él nos quiere hacer caer, nos quiere enfermar, debilitar, nos quiere poner a pelear como familia, quiere destruir nuestros hogares y no podemos tomar una actitud pasiva y esperar que se acabe.

Dios tiene su ejército de ángeles que envía a nosotros para trabajar juntos y desarticular los poderes de las tinieblas y vencer los ejércitos de los espíritus malignos. Con esta guerra podemos cancelar y parar lo que el diablo planeo para destruirnos. ¿Cómo? Nosotros lo podemos confundir y parar su actividad.

Primero
Satanás trabaja en lo oculto

Satanás trabaja solo en lo oculto, escondido, manipula y engaña excelentemente. Todo lo que está escondido en nuestra vida es una puerta abierta al diablo que él usa para empeorar tu vida, por eso es fácil ver a las personas atormentadas, cargadas, arruinadas.

El autoengaño es muy común en el creyente (1 Corintios 3:18 dice: «¡No se engañen a ustedes mismos!») así como en la gente del mundo. El creyente aprende muy rápido a ser hipócrita en la iglesia. Esto es tan real y esto impide muchas veces que Dios cumpla Su propósito en nuestras vidas. Y dice la Palabra que los mentirosos no heredarán el Reino de Dios. Apocalipsis 21:8 dice: «A los mentirosos, los lanzaré al lago donde el azufre arde en llamas; y allí se quedarán, separados de mí para siempre».

Segundo
Todos tenemos tinieblas

Hay cosas que no reconocemos de nosotros mismos y sin embargo están allí. Pregúntale a la gente que te rodea cómo te ve, qué cosas tienes que están mal, qué correcciones debes hacer en tu carácter, y te llevarás una sorpresa.

Es sumamente fundamental que tengamos un espíritu quebrantado delante de Dios todo el tiempo, y preguntarle en oración, con corazón contrito y humillado: «¿Estoy haciendo bien las cosas? Guíame, oriéntame, háblame, porque mi mente es tan limitada. Muéstrame lo que está mal en mí. Sin Ti nada puedo hacer. Cámbiame, transfórmame, renueva mi entendimiento. Pido un profundo arrepentimiento de toda mi maldad presente y pasada».

Tercero
Tener siempre un espíritu agradecido

«Oren en todo momento. Den gracias a Dios en cualquier circunstancia. Esto es lo que Dios espera de ustedes, como cristianos que son.»
1 Tesalonicenses 5:17-18 (TLA)

Hay personas que todo el tiempo están preocupadas. Por ejemplo:

- Si ganara más dinero, me sentiría más tranquilo.
- Si mi esposo/a cambiara, yo sería más feliz.
- Si mis hijos me ayudaran, yo estaría menos nerviosa/o.
- En esta situación no puedo servir al Señor.

O sea, todo depende de las circunstancias que les rodean, entonces, son el producto de circunstancias que no pueden cambiar. En realidad, nosotros podemos ser dueños de nuestras circunstancias y no al revés.

¿Cuál es la circunstancia que te agobia? Dios usa las tribulaciones para fortalecerte. ¿Sabías que, al final, todo te ayudará a bien? ¿Sabías que después de la tormenta viene la calma? ¿Qué es lo que no puedes cambiar y tanto te agobia? ¿Has orado indefinidamente por esa situación? ¿Y ya has hecho todo lo que está en tus manos para resolver el tema? ¡Esfuérzate y sé valiente! Haz tu parte y Dios hará la suya. Espera en Él. Él nunca llega tarde.

Cuarto
Circunstancias versus actitud

Todos tenemos circunstancias difíciles en nuestra vida, pero una buena actitud hace la diferencia. Necesitas resolver adecuadamente tus conflictos para tener una vida estable. Meditando la Palabra de Dios te daré unos ejemplos:

«Aunque un ejército acampe contra mí, no temerá mi corazón, aunque contra mí se levante guerra,
yo estaré confiado.»
Salmo 27:3 RV60

Tu circunstancia: Todo lo que se levanta contra ti, toda oposición, todo obstáculo, el dolor, toda maldad, un ejército.

Tu actitud: Estarás confiado. Pase lo que pase, creerás con todo tu corazón que mi Señor te ayudará y nunca llegará tarde.

«Aunque las higueras no florezcan y no haya uvas en las vides, aunque se pierda la cosecha de oliva y los campos queden vacíos y no den fruto, aunque los rebaños mueran en los campos y los establos estén vacíos, ¡aun así me alegraré en el SEÑOR! ¡Me gozaré en el Dios de mi salvación!» Habacuc 3:17-18 (NTV)

Tu circunstancia: La escasez cuando ya está faltando el alimento, el sustento. La palabra de Dios dice que Él es nuestro proveedor.

Tu actitud: «¡Con todo me alegraré en Dios, mi libertador!» Él nunca llegará tarde.

Él prueba nuestra confianza y a veces nos humilla. Nos pone de manifiesto nuestro poco amor y confianza hacia Él. Y la mayoría de las veces, no pasamos esta prueba y terminamos incrédulos y llenos de agobio y con depresión. Satanás te entretiene con aflicciones, problemas, preocupaciones y afanes para que nunca puedas salir del hoyo donde estás. Su fin es que siempre estés ocupado y agotado. Una táctica tan exitosa del enemigo es que siempre estés agotado. El enemigo no quiere que tengas sueños. De alguna manera, va a querer entretenerte por el camino para hacerte desviar y olvidar inclusive, lo que Dios tiene para ti.

«Tú sustentas mi suerte.»
Salmos 16:5

«Tú tienes pensamientos de paz para mí,
para darme el fin que espero.»
Jeremías 29:11

«Se deshace mi alma de ansiedad;
susténtame según tu palabra.»
Salmos 119:28

Descansa en el Padre, Él mismo hará que todas nuestras circunstancias sean superadas para llevarnos por dónde Él quiere, solo tienes que confiar, tener fe, porque sin fe es imposible agradar a Dios.

Quinto
Es más fácil culpar a Satanás de todos nuestros males

Eso es lo que Satanás quiere. De esta manera decimos siempre: «Estoy bajo ataque» y no reconocemos que cosechamos lo que sembramos. De todo lo malo que nos ocurre culpamos a Satanás y nosotros hacemos como que no somos responsables de nuestros actos. Y por esto, nunca podemos superar nuestros malos hábitos. Un ataque del enemigo siempre es demasiado obvio. Lo malo que nos ocurre, normalmente es consecuencia de nuestro error. Siempre vamos a cosechar lo que sembramos.

Vamos a poner equilibrio a las cosas.

- «Me endeudé sin pedir dirección a Dios y ahora estoy bajo ataque.» No, no estás bajo ataque, solo que no sabes manejarte financieramente y tampoco consultas con Dios para tomar decisiones.

- «Mis hijos son todos rebeldes por causa del diablo.» ¿O será que criaste hijos rebeldes y desconsiderados? Los jueces más estrictos de los padres son los hijos. Si quieres saber cómo es una persona, habla con sus hijos.

- «Mi esposo/a no se convierte porque está endemoniado.» Y yo te pregunto: ¿cómo anda tu testimonio en tu hogar? Si siempre estás insultando, maldiciendo, peleando, dando sermones, diciendo a todos que son endemoniados, nadie de tu familia va a llegar a los pies de Jesús por tu culpa.

El enemigo quiere que a él lo culpes de todo para que tú nunca puedas superarte. Tienes que reconocer las situaciones que estás pasando donde tú eres la persona responsable. No podemos culpar al maligno ni a los demás todo el tiempo, de lo contrario, nunca vamos a superar nuestras malas actitudes ni nuestros malos hábitos. Dejémonos de excusas y hagámonos las máximas exigencias a nosotros mismos.

Sexto
Pelea contra el enemigo

Si no te levantas en oración contra el enemigo, él te robará todo lo que pueda. Hay mucha gente que al poco tiempo de convertida es devorada por falta de oración, instrucción, de conocimiento. No nos engañemos diciendo que no tenemos que estar hablando del maligno todo el tiempo. ¡No! Esa no es la postura correcta. Debemos tener una disposición de estar sometiéndonos al Padre en continua adoración, leer la Palabra y hacer guerra espiritual contra el enemigo, para que él nunca tome ventaja de nosotros.

Séptimo
Concéntrate en las consecuencias

Satanás quiere que te concentres en el placer y no en las consecuencias. Siempre te hace creer que puedes controlar el alcohol, las drogas, el adulterio, la fornicación, la pornografía, el teléfono, la mentira, los videos juegos, las deudas, las apuestas, las malas amistades, etc.

«Si te echas brasas en el pecho, te quemarás la ropa; si caminas sobre brasas, te quemarás los pies; si te enredas con la esposa de otro, no quedarás sin castigo. No se ve mal que un ladrón robe para calmar su hambre, aunque si lo sorprenden robando debe devolver siete veces el valor de lo robado; a veces tiene que pagar con todas sus posesiones. Pero el que se enreda con la mujer de otro comete la peor estupidez: busca golpes, encuentra vergüenzas, ¡y acaba perdiendo la vida!»
Proverbios 6:27-33 (TLA)

Una vez que entraste en el placer del vicio, el vicio te controla y ya no puedes salir de él. Mejor es no comenzar a jugar con fuego para que no te quemes. Te tienta y te hace caer fácilmente en pecado, pues el adversario te hace ver solo el placer inofensivo de la situación y no las consecuencias. «¡Dale!», te dice, «¡se vive solo una vez! Tira una cana al aire. ¡No va a pasar nada!»

El hecho de mirar solo el placer y no más allá, hacia el futuro, es una táctica muy sutil del enemigo para que hagamos algo que tendrá graves consecuencias y hará que nuestro destino profético sea devorado. Así que cuando venga la tentación, ¡por favor! mide las consecuencias de tus actos, mira un poquito más allá del placer, y podrás resistir mucho más fácilmente la tentación. Qué excelente fuera que nos enseñaran nuestros padres sobre esto, pero lastimosamente muchos venimos de hogares disfuncionales, donde el ejemplo a seguir va en contra de los estatutos de Dios, por eso caemos fácilmente en las trampas del enemigo y del pecado que heredamos de nuestros ancestros y sin darnos cuenta caemos en una tela de araña que nos va envolviendo hasta quedar atrapados, asfixiados y con deseos de morir.

Oración de autoliberación

Padre Celestial, ayúdanos a obedecer tus mandamientos para que podamos romper con la obscuridad y que sea alejada de nuestras vidas. Suplico tu perdón por todo pacto demoníaco hecho por nuestros antepasados. Padre Santo, revoca todo decreto de muerte y convenio con la muerte que hayan hecho nuestros ancestros, porque dijeron que han puesto su refugio en la mentira, y en la falsedad se escondieron. Sea revocado ahora ese convenio en el poderoso nombre de Jesús de Nazaret. Reprendo y echo fuera todo espíritu que intente sacar la paz y atormentarme, en el nombre de Jesús. Sáname de toda opresión, Jesús, tú anduviste haciendo el bien y sanando a todos los oprimidos por el diablo, así mismo haz conmigo.

Padre poderoso, arranca todo el poder a los espíritus que buscan oprimirme. Amordazo y echo fuera todo espíritu de pobreza que busque oprimirme. Echo fuera todo espíritu de locura y confusión que intente oprimir mi mente, en el nombre de Jesús. Tengo la mente de Jesucristo. Sujeto y echo fuera todo espíritu de aflicción, menoscabo y cualquier cosa que busque desanimarme, en el nombre de Jesús. Líbrame y sálvame de la soberbia y violencia de los hombres. Líbrame de accidentes y de la destrucción. Suplico que me des gobierno sobre mi opresor, en el nombre de Jesús. Apago, con el escudo de la fe, todo dardo de fuego que el enemigo lance contra mí. Apago el desánimo, el temor, la ansiedad y la confusión. Apago todo dardo de fuego de envidia, celos, enojo, amargura e ira que sea lanzado en contra de mi vida, en el santo nombre de Jesús. Apago todo tizón enviado por brujos y hechiceros en contra de mi vida, en el nombre de Jesús. Sujeto y echo fuera todo espíritu de celos y envidia dirigidos hacia mi vida, en el nombre de Jesús.

Toda estrategia del infierno es expuesta y sacada a la luz. Recibo los planes de Dios para mi vida, los pensamientos de paz y de bien para darme el fin que espero. Soy liberado de toda trampa y plan del maligno en contra de mi vida. Alabo, exalto y glorifico al que vive para siempre, al que libera mi alma del poder del mal, al que me preserva en el hueco de Su mano para siempre y me guarda sin caída. Al que es, al que era y al que ha de venir, Jesús de Nazaret, bendito por toda la eternidad.

ROMPIENDO MALAS LIGADURAS DEL ALMA

«No tengan relaciones sexuales prohibidas. Ese pecado le hace más daño al cuerpo que cualquier otro pecado. El cuerpo de ustedes es como un templo, y en ese templo vive el Espíritu Santo que Dios les ha dado. Ustedes no son sus propios dueños. Cuando Dios los salvó, en realidad los compró, y el precio que pagó por ustedes fue muy alto. Por eso deben dedicar su cuerpo a honrar y agradar a Dios.»
1 Corintios 6:18-20 (TLA)

Una de las trampas más comunes del enemigo y que deja mucha muerte espiritual y física es el sexo fuera del matrimonio, lo que bíblicamente se llama el pecado de fornicación. Mucha gente hoy día opta por no casarse y está surgiendo una nueva generación de jóvenes que han decidido rebelarse en contra de la institución del matrimonio que Dios mismo ha establecido. Cuando el matrimonio desaparezca de nuestra sociedad habremos llegado al colapso de la civilización a causa del gran desorden que esto traerá.

Debemos de tener mucho cuidado con las decisiones que tomamos acerca de nuestro cuerpo. Dios es sabio, perfecto y no se equivoca, uno de sus consejos es que no tengas relaciones sexuales fuera del matrimonio, o sea no fornicar. Muy difícil este consejo en la actualidad aun entre los cristianos, muchas parejas prefieren vivir en unión libre e ignorar que para Dios el pecado de origen sexual es una de las peores cosas, porque cualquier otro pecado está fuera del cuerpo, o sea fuera del templo de Dios, pero el pecado sexual es contra el mismo cuerpo o templo de Dios, que es nuestro cuerpo (1 Corintios 6:18). Además, en el pecado sexual está la traición, la mentira, el engaño, existe la separación de la confianza, separación de familias y corte de relaciones. El pecado sexual en el liderazgo espiritual contiene una mayor severidad. Las iglesias están dañadas, los ministerios y el testigo está dañado. La lujuria, adulterio, fornicación, perversión, pornografía, prostitución, promiscuidad, sexo por Internet, vicio por masturbación, homosexualismo, bisexualismo, pensamientos lascivos, súcubos, íncubos, sexo con menores (pedofilia), masoquismo, sadismo, exhibicionismo, fetichismo, orgías, compulsión por violar, incesto, sodomía, sexo con animales, sexo con muertos traen directamente muerte espiritual. A veces esto no se evidencia rápido, pero el tiempo y los años demostrarán que esto es cierto cuando vemos a muchas personas frustradas, jóvenes y familias destruidas por las consecuencias del pecado sexual: pobreza, enfermedad, ruina, traición, hijos con graves problemas, muerte espiritual (no pueden ver a un Dios bueno) y lo peor es que esto alcanzará también a la descendencia. Todas las perversiones y aberraciones que una persona practicó pasarán también a sus hijos, porque se le dio pleno derecho y autoridad a Satanás. Es una maldición que solo se detendrá cuando la persona abandone su vida de pecado y restaure completamente su relación con Dios.

> «El que comete adulterio no tiene entendimiento;
> el que lo hace destruye su alma.»
> Proverbios 6:32 (RV60)

Cuántos hombres o mujeres que hoy están en adulterio tendrán que ver que esa hermosa niña que tuvieron, hoy siendo ya señorita vaya y caiga con el peor de los bandidos; y la historia se repetirá. Es que la maldición de su propio pecado los alcanzó. Como dice la palabra:

> «Mas si así no lo hacéis, he aquí habréis pecado ante
> Jehová; y sabed que vuestro pecado os alcanzará.»
> Números 32:23 (RV60)

El pecado, de seguro, alcanza a la persona, y lo más doloroso en esta vida es ver a nuestros hijos en situaciones similares o peores de las que nos tocó vivir. El diablo sabe que cuando una persona soltera está teniendo sexo fuera del matrimonio se crean malas ligaduras, lazos y nudos, que eso después va a repercutir en el matrimonio para hacerlo colapsar. El mismo principio se aplica en el adulterio. Cuando una esposa o un esposo tiene relación sexual con su cónyuge infiel, entonces se transfieren a él o ella todas las maldiciones, los pecados y los inmundos de todas las relaciones adúlteras de su cónyuge infiel. Esto produce tanto sufrimiento moral, espiritual, emocional, pero como no es visible ni demostrable, está bajo el control total del diablo en lo oscuro y en lo secreto donde así sigue trabajando hasta hacer tocar fondo a las personas. Veamos lo que dice la Biblia.

«¿No te hizo uno el SEÑOR con tu esposa? En cuerpo y espíritu ustedes son de él. ¿Y qué es lo que él quiere? De esa unión quiere hijos que vivan para Dios. Por eso, guarda tu corazón y permanece fiel a la esposa de tu juventud.» Malaquías 2:15 (NTV)

No hay duda de que, en un matrimonio, la fusión, la ligadura de alma y espíritu existe; pero también existe con cualquier persona que se haya tenido relaciones sexuales. Hoy en día, tener sexo con cualquiera, fuera del matrimonio o en adulterio, sexo ocasional, amigos con derechos, uniones libres, etc. es una realidad muy preocupante para todos aquellos que entendemos lo que ocurre en el mundo espiritual y que entendemos que Dios aborrece la inmoralidad sexual. Todos estos pecados llevan a enfrentamientos, divorcios, abortos, problemas de por vida, asesinatos cuando alguien puede matar por enojo a su pareja adúltera. Por estas cosas vienen hijos no deseados, odios entre hermanos de diferentes padres, pero de la misma madre y viceversa, y otras muchas cosas parecidas que llevan a sufrimientos increíbles y a odios, asesinatos, suicidios y perder el rumbo de su vida e identidad. Si deseas con todo tu corazón salir de la situación en que estás y dejar esa vida de miseria que llevas a causa del pecado, Dios puede librarte.

Oración de autoliberación

Nota: Si no has caído en ninguna de estas prácticas, entonces no necesitas hacer esta oración.

Amado Padre Celestial, vengo a tu presencia en nombre de Cristo Jesús. Yo firmemente creo que la sangre de Jesús me limpia de toda maldad, de todo pecado. Yo creo que la sangre de Jesús purifica y lava mi conciencia completamente. Padre Santo altísimo de Israel, confieso ahora que tengo pecado de origen sexual (lujuria, adulterio, fornicación, perversión, pornografía, prostitución, promiscuidad, sexo por internet, vicio por masturbación, homosexualismo, bisexualismo, pensamientos lascivos, súcubos, íncubos, sexo con menores, pedofilia, masoquismo, sadismo, exhibicionismo, fetichismo, orgías, compulsión por violar, incesto, sodomía, sexo con animales, sexo con muertos. Confiese clara y audiblemente todos y cada uno de sus pecados, Dios está allí frente a usted)

Te los confieso ahora y suplico que me perdones. Padre suplico ahora liberación y quites de mí todo deseo sexual ardiente y compulsivo por lo prohibido. Quita de mí, libérame de toda compulsión de volver a participar de aquello que tanto no te agrada. Quita de mi todo deseo perverso para hacer (nombre su pecado).

Padre Dios, en el nombre de Jesús, también te suplico perdón en nombre mío y de mis ancestros por toda la inmundicia y la impureza sexual practicada a lo largo de mis generaciones pasadas y aun en mi generación. Ruego tu perdón y tu limpieza, perdona nuestra iniquidad y nuestra rebelión a ti. Renuncio a cualquier maldición generacional que me conecte o me arrastre a cualquier tipo de perversión sexual. La maldición es arrancada de mi simiente y de mí ahora. Me arrepiento de cualquier pecado sexual personal y habitual que ha resultado en la formación de una fortaleza demoníaca en mi vida. Suplico perdón, clamo perdón. Cierro todas las puertas que pueden haber sido abiertas a través del abuso sexual en la infancia, la adolescencia o la adultez. Y determino perdonar a cualquiera que me haya ofendido o haya abusado de mí. Suelto y me desligo cuerpo, alma y espíritu de cualquier persona que me haya ofendido en lo sexual.

Renuncio a cualquier herida emocional, corazón destrozado o rechazo que me puede haber hecho rebelde a Dios en el área del pecado sexual en mi vida. Renuncio y cierro todas las puertas que fueron abiertas a través de relaciones interpersonales traumáticas, maldiciones impuestas a mí mismo a través de confesiones negativas o maldiciones habladas contra mí por otros. Renuncio a los espíritus que pueden haber ganado acceso a través de actos sexuales ritualistas, incesto, violación, vejación, hechizo, fascinación, encantamiento, brujería, satanismo, vudú, hechicería o cualquier otro tipo de magia, consagración o compromiso que me hayan asignado. Tomo autoridad sobre cualquier ligadura de alma o fragmento de mi pasado que pueda atormentar mi vida actual y declaro que tengo un nuevo propósito y llamamiento, y hacia allí voy a avanzar. Cierro la puerta vieja de mi alma, dejo atrás, sellado y completamente enterrado todo mi pasado. Pido al Todopoderoso que vuelva a componer mi alma a su estado original, reuniendo todos los fragmentos de mi alma que quedaron dispersados a causa de pecados sexuales. Yo derribo y renuncio a todo pensamiento inconsciente, conversaciones mentales, ideaciones o espíritus que atan la mente o la ciegan. Uso la espada del Espíritu, que es la Palabra de Dios, contra el espíritu del perro, la lujuria, la lascivia, la concupiscencia, los deseos impíos y las obras de la carne. Renuncio y resisto a todos ellos declarando que soy de Cristo y he crucificado mi carne con sus pasiones y deseos (Gálatas 5:24). (Repítalo 3 veces como mínimo)

Resisto y me niego a someterme al hombre fuerte de Jezabel, y renuncio al espíritu de prostitución del templo. Presento voluntariamente mi cuerpo, como un sacrificio viviente, a Dios y a la sangre de Jesús. Mis lomos son ceñidos con la verdad. Señor, suelta a tus ángeles a mi favor hoy. Consagro mi espíritu, alma y cuerpo al Señor Cristo Jesús. Te dedico y te entrego todo mi ser ahora, Padre Santo. Suplico que venga ahora tu dominio, poder y autoridad sobre cada área de mi vida, incluyendo todas mis funciones sexuales, todos mis deseos, lo que está en mi mente. De ahora en adelante que todo lo que yo haga sea de acuerdo con tu voluntad.

Padre, te agradezco por tu intervención sobrenatural en mi situación. Deja que las palabras de mi boca y la meditación de mi corazón sean aceptables delante de ti, oh Señor, mi fortaleza y mi redentor, el Rey de mi alma. Gracias por la liberación que hoy traes a mi vida.

Mi reflexión

CAPÍTULO 3
PAZ EN MEDIO DE LA TORMENTA

«Al atardecer, Jesús dijo a sus discípulos: "Crucemos al otro lado del lago". Así que dejaron a las multitudes y salieron con Jesús en la barca (aunque otras barcas los siguieron). Pronto se desató una tormenta feroz y olas violentas entraban en la barca, la cual empezó a llenarse de agua. Jesús estaba dormido en la parte posterior de la barca, con la cabeza recostada en una almohada. Los discípulos lo despertaron: "¡Maestro! ¿No te importa que nos ahoguemos?", gritaron. Cuando Jesús se despertó, reprendió al viento y dijo a las olas: "¡Silencio! ¡Cálmense!". De repente, el viento se detuvo y hubo una gran calma. Luego él les preguntó: "¿Por qué tienen miedo? ¿Todavía no tienen fe?". Los discípulos estaban completamente aterrados. "¿Quién es este hombre? —se preguntaban unos a otros—. ¡Hasta el viento y las olas lo obedecen!".» Marcos 4:35-41 (NTV)

Jesús les dijo a sus discípulos, y hoy nos dice a nosotros, que «pasemos al otro lado». Seguir a Jesús es incómodo, porque se trata de salir de lo conocido e ir a lo desconocido, se trata de salir de nuestra zona de confort y seguridad y enfrentarnos a nuevos desafíos para los cuales creemos que no estamos preparados. Los seres humanos nos sentimos cómodos con lo conocido por una sencilla razón, somos adictos al control, pero a Jesús le encanta impulsarnos a lo desconocido para liberarnos del afán de tener todo controlado; la única manera de desactivar la ansiedad en nuestra mente es si renunciamos al poder del control.

Quiero que grabes en tu mente y corazón, que aunque haya una tormenta en tu camino no significa que vayas en mala dirección; de hecho, Jesús y sus discípulos iban en el sendero correcto, el Padre tenía un plan y se lo comunicó a Su Hijo y le dijo que quería que pase al otro lado a la región de Gadara, porque allí había un hombre endemoniado dando gritos y asustando a las personas y quería que lo liberara. Jesús hizo la voluntad del Padre. Había una misión, el Padre lo sabía, Jesús lo sabía y el mismo infierno lo sabía, entonces el diablo levantó una terrible tormenta para detener la voluntad de Dios: truenos, relámpagos, vientos huracanados, olas golpeando esa barca. Mientras Jesús dormía en completa paz, los discípulos estaban en pánico, angustiados, abrumados por esa tormenta. Ellos empezaron a sacudir a Jesús y decirle: «Despierta, ¿es que no te importa que nos muramos?» Me resulta gracioso acusar al Salvador del mundo de algo así; pero muchas veces nuestras oraciones se parecen a esa acusación; estamos abrumados por la tormenta que nos rodea que oramos: «Jesús, ¿dónde estás? Estoy aquí con un ataque de pánico y Tú estás dormido. ¿Dónde estás, Señor?, ¿es que no te importa?, me muero». Los discípulos no lo entendieron y creo que nosotros tampoco lo estamos entendiendo ahora. Jesús no nos promete una vida carente de tormentas: nos promete tener paz en medio de esas tormentas. Sé que desearías una vida carente de problemas, pero la tormenta que es provocada por Satanás para hundirte, mas Dios la transforma para promocionarte.

Amado, hay niveles de madurez en el carácter que solo pueden desarrollase en el ojo del huracán, en medio de la prueba, en medio de la crisis, en medio del conflicto, en medio de la ofensa. Hay virtudes que no se desarrollan en medio de la calma sino en tiempos de tormenta. Por ejemplo ¿cómo desarrollas la virtud del perdón? En medio de una ofensa. ¿Cómo desarrollas la virtud de la generosidad? En medio de la necesidad, ¿Cómo desarrollas la virtud de la paciencia? Teniendo hijos. Significa que para desarrollar esas virtudes hermosas, Dios tiene que meternos en el ojo del huracán; y una de las virtudes más hermosas es la paz interior.

Si quieres que te muestre una persona madura, no te mostraré a una que tiene todas las respuestas a las preguntas teológicas, a alguien que ha desarrollado bien sus dones y sus capacidades humanas ni tiene canas sobre su cabeza, pero sí a una persona que es capaz de dormir como un bebé en medio de su peor crisis; esa es una señal de madurez espiritual: poder confiar en Dios en medio de la tormenta. A veces parece que

Dios no responde nuestras oraciones, pero no es que no le importe nuestros problemas, sino que Él sabe que estamos pidiendo que detenga aquello que Él está utilizando para convertirnos en una persona madura. Esa tormenta es tu oportunidad para que obtengas una promoción en tu carácter, bajo esa presión Dios forjará algo en ti que no podría hacerlo en un momento de calma.

Amado, oramos pidiendo que Jesús detenga la tormenta y lo que Él quiere es que nos convirtamos en domadores de ellas. Dios quiere darte autoridad sobre lo que estás atravesando, pero solo la tendrás cuando logres reposar en ella. Alrededor de Jesús había truenos, relámpagos y vientos impetuosos que venían sobre Él, pero nunca penetró dentro de Su corazón; había caos alrededor, pero Jesús estaba en completa paz interior, y cuando un hombre está así, esa tormenta debe rendirse.

Muchas de las tormentas en nuestras vidas comenzarían a rendirse si experimentamos la paz. Los discípulos no fueron capaces de entender la oportunidad de crecimiento espiritual porque fueron abrumados por sus sentimientos de angustia, estrés, agobio, desesperación.

Hay una palabra que todo mundo la repite, y últimamente la escucho en boca de los adolescentes: la palabra ansiedad, que ha surgido por el estilo de vida que se han sometido, como por ejemplo: estar conectados en las redes sociales, las deudas hipotecarias que debemos pagar, las influencias externas, el tráfico, el trabajo, las expectativas que nos hemos creado; todo esto crea una atmósfera perfecta para que nos convirtamos en lo que los sociólogos llaman la *generación de la ansiedad*.

Vamos a definir lo que es la ansiedad. Según el diccionario, es un estado mental que se caracteriza por una gran inquietud, una intensa excitación y una extrema inseguridad. Ansiedad es una anticipación aprensiva, es decir es la imaginación de un futuro no favorable que la persona encuentra difícil de controlar, lo cual resulta en estrés, ahogo, dificultad para concentrarse, tensión muscular, problemas de sueño, etc. Esa es la definición oficial, pero yo tengo la mía.

Para mí, ansiedad es cuando las crisis de fuera se meten en tu mente y corazón. Cuando la tormenta que te rodea logra penetrar dentro de tu alma. Siempre existirán los problemas y no puedes evadirlos, pero sí puedes evitar que se metan dentro de ti. Y siendo clara con esto, siempre habrán tormentas, siempre aparecerá una nueva enfermedad en tu familia, un político que tome una decisión equivocada que afecte a la nación, un impedimento que no permita llegar a tu destino a tiempo, siempre habrá un familiar que crea un conflicto en la casa, una nueva crisis económica, una mala decisión de tu jefe en el trabajo que haga que tu economía flaquee. Siempre existirán tormentas y no puedes evitarlas, pero sí puedes impedir que estas se metan en tu corazón.

En esta historia del evangelio queda demostrado que en una misma tormenta podemos transitar de dos maneras diferentes: en paz o pánico, como Jesús o los discípulos. En los tres años del ministerio de Jesús, Él nunca conoció la paz en el mundo. El mundo era una tormenta constante, Satanás lo tentaba, el imperio romano observaba cada uno de sus movimientos para mantenerlo controlado, sus familiares dudaban de Él y lo juzgaban, los fariseos le preparaban trampas y planeaban su muerte, el pueblo demandaba milagros y siempre querían más pan, peces y señales; pero el mundo interior de Jesús estaba en completa paz.

Amado, las tormentas no cesarán, al menos hasta que Cristo regrese. Si te han dicho que al hacerte cristiano, tus problemas van a terminar, no es así. Jesús dijo:

«Les dejo un regalo: paz en la mente y en el corazón.
Y la paz que yo doy es un regalo que el mundo no puede dar. Así que no se angustien ni tengan miedo.»
Juan 14:27 (NTV)

El sistema del anticristo dirá paz y seguridad afuera, pero Jesús dice paz y seguridad adentro, en el corazón. Este mundo te prometerá algo que no puede cumplir, pero Jesús te dice: «En este mundo tendrás aflicción, pero confía, yo he vencido al mundo». Que no tenga temor tu corazón, que no se amedrente, porque te prometo que con Jesús ganamos.

Jesús nos enseña que las circunstancias externas que nos rodean no son las responsables de nuestra ansiedad, el responsable de nuestra ansiedad es nuestra manera de pensar acerca de las circunstancias que nos rodean. Es decir, la ansiedad es producto de un proceso mental, la ansiedad no está afuera, está dentro de ti. Los neurólogos dicen que el cerebro no es capaz de diferenciar entre aquello que es real y aquello que estamos imaginando.

Muchas veces nuestra percepción de las cosas no es la correcta. Y, seamos sinceros, cuando afuera está lloviendo cuatro gotas de agua, dentro de ti puede ser un huracán. La ansiedad es producto de una manera de pensar, por eso Jesús dice: ¿Por qué están amedrentados? ¿Cómo no tienes fe?.

El afán, la preocupación, el miedo y el pánico son sinónimo de la ansiedad, estos síntomas se conectan con una manera de pensar, y es la falta de fe en Dios. La ansiedad surge cuando procesamos en nuestra mente las diversas circunstancias que nos rodean como si Dios nos hubiera abandonado y estuviéramos solos en esta tierra.

La ansiedad es producto de una manera de pensar incrédula. Crees que existe un Dios, pero que te ha abandonado y dejado solo en este mundo; la ansiedad es de una mente huérfana. Por ejemplo, cuando tuve a mi primer hijo, me di cuenta cómo se sentía cuando lo dejamos solo en su cuarto y en su cuna. Cuando se despertaba, comenzaba a pegar gritos, llorando, porque se sentía solo en medio de la obscuridad. Su papá y yo sabíamos que estaba seguro en una buena cuna, de hecho, yo daría mi vida para protegerlo, pero el niño no entendía por qué estaba solito. A muchos les pasa exactamente igual, se despiertan en medio de la noche, en medio de su problema, y creen que han sido abandonados por

Dios. Jesús nos pregunta: «¿Por qué estás tan ansioso? ¿Por qué te sientes tan abrumado por los problemas que te rodean?» Eres como aquellos que no creen en Dios, solo te tienes a ti mismo para sobrevivir en este mundo hostil. Si eso es así, es comprensible que tengas un ataque de pánico; este mundo puede ser desesperanzador para un ser tan frágil como tú.

Pero dime, ¿por qué piensas como un niño abandonado en medio de la obscuridad que intuye que el monstruo viene a devorarte, y no sabes de dónde vendrá la mordida? Todavía no crees en Jesús, no le conoces, todavía dudas.

¿Cuántos creen en Dios? Los demonios creen en Dios y tienen ataques de pánico constantemente cuando se encuentran a un verdadero hijo de Dios. La fe de la que nos habla Jesús no es simplemente creer que Dios existe: es creer que Dios es bueno a pesar de que las cosas malas nos estén ocurriendo; y ese es otro tipo de fe, como la fe en la bondad de Dios, creer que Dios tiene en Sus manos todo el destino de nosotros, la fe aunque tormentas nos toquen, enfermedades nos afecten, crisis a nuestro alrededor, incluso la amenaza del martirio, aun cuando alrededor nos indique no seguir creyendo que Dios es bueno. Por eso la ansiedad se conecta con la incredulidad; y la sanidad de nuestra ansiedad no son los ansiolíticos, no es creer en ti mismo y ni siquiera es negar tus problemas.

El comienzo de la sanidad es el descubrimiento de aquel que está contigo en la barca en este viaje en medio de la tormenta. ¿Lo conoces? Él es atormentador de tormentas, más temible que el cáncer y devoró a la muerte en la cruz. Este mundo dice que nada puede sobrevivir a la muerte, pero los Evangelios dicen que Jesús miró cara a cara a la muerte en la cruz, la confrontó y venció. Él, que es más temible que la muerte, está en la barca contigo, y te ofrece su amistad y te asegura vida eterna.

Que te quede claro tu responsabilidad no es controlar tus circunstancias: es tener tu mano firme agarrando la de Jesús. Renuncia al control y ten fe, porque si Jesús está en tu barca, no importa la crisis, porque vas a pasar al otro lado. Haz algo: vive lo mejor que puedas y no le tengas miedo a la muerte.

Oración de autoliberación

Padre, vengo ante ti con toda confianza en mí corazón, pidiéndote que me liberes de todo temor que tengo en el alma. Necesito ser perfeccionado en el amor para ya no tener temor, y eso te pido que hagas en mí: perfecciona en mí Tu amor, Padre Santo.

Confieso y pido perdón por todo pecado de temor, fobia, ansiedad, angustia, pánico que haya en mi vida. Pido liberación de estos. Me someto ahora, totalmente al Espíritu del Dios viviente y entro en tu trato divino para ser una persona tratada por ti, moldeada por ti, quebrantada por ti. Renuncio y resisto ahora con todas las fuerzas de mi ser a toda fobia, a toda angustia, a todo pánico, a toda inseguridad. Quedan amordazados todos ellos y los echo fuera de mi vida en el poderoso nombre de Jesús. ¡Fuera, ahora!

Padre, estoy en tus manos ahora, ayúdame, sáname. Gracias porque tu amor perfecto y poder llegan a mí, lo recibo por fe. Ahora, echo toda mi carga y ansiedad sobre ti, porque tú tienes cuidado de mí. Recibo, aspiro, tomo tu maravilloso amor perfecto, Padre del Cielo. Yo lo arrebato ahora, lo tomo por fe, en el nombre de Jesús, el Mesías.

Confieso liberación de toda atadura, de todo trauma que causó la fobia. Confieso que el Dios de Israel viene a deshacer toda obra de maldad en mi vida. Soy perfeccionado en el amor y en el poder de Jesucristo. Soy lleno de Su amor, y no tengo cobardía ni temor, sino poder, amor y dominio propio. (Aspire muy profundamente el amor de Dios y métalo en su interior en un acto simbólico de fe).

Desde ahora confieso mi libertad, que ya no tendré fobia ni temor ni pánico, me declaro una persona vencedora, valiente y llena de tu amor. Espíritu Santo, ven ahora y llena mi casa interior, porque quiero que te quedes y mores en mí. Recibo mi sanidad y liberación por fe, en el nombre de Jesús.

Mi reflexión

CAPÍTULO 4
COMUNICADO DE DIOS PARA LOS ÚLTIMOS TIEMPOS

> En los últimos tiempos les daré a todos de mi Espíritu: hombres y mujeres hablarán de parte mía; a los jóvenes les hablaré en visiones y a los ancianos, en sueños.
> Hechos 2:17 (TLA)

Lo que voy a compartir contigo es una responsabilidad que Dios me ha dado, y creo que Dios también la está dando a muchos de Sus hijos alrededor del mundo. Quiero que abras tu mente y corazón, porque lo que voy a comunicar es una advertencia divina para los próximos años. Creo que tú y yo probablemente vamos a ser la generación que vea el momento más emocionante y peligroso de la historia de la humanidad; creo que vamos a ser los protagonistas de un acontecimiento que va a conmover el mundo porque vamos a contemplar el regreso de nuestro señor Jesucristo. No le puedo poner fecha; pero en mi corazón siento una urgencia para que los hijos de Dios estén preparados para este acontecimiento, porque creo que somos esa generación elegida para este.

Desde el año 2020 han pasado tantos sucesos inesperados que han desestabilizado a millones de familias en el mundo, y como muchas personas, le preguntamos a Dios qué está sucediendo. El cambio climático, el virus que ha sacudido el planeta y ha puesto en jaque a los gobiernos del mundo, las tensiones que existen en las fronteras entre los países que amenazan con una tercera guerra mundial. En estos dos últimos años de pandemia han aparecido muchos predicadores que nos dan información de quién va a ser el anticristo, cómo van a ser los acontecimientos finales y qué es lo que va a pasar; y no hay nada malo de tener información, pero una sobredosis puede embotar nuestra mente y hacernos perder aquello que es más importante: estar listos para lo que Dios quiere y tomar una posición. Hoy te desafío para tomar una posición; si tú y yo seremos los que vamos a contemplar el regreso de nuestro Señor Jesucristo, hay una posición que Él espera de nosotros tomemos.

Hay una parábola en la Biblia de las diez vírgenes que encierra muchos misterios. Creo que esta parábola, Jesús la dijo pensando en ti y en mí, en aquellos que formaríamos parte de la Iglesia que contemplaría su regreso. Creo que cuando Jesús pronuncio esta parábola lo hizo para advertirnos, que para cuando regrese espera encontrarse con una Iglesia ardiendo de pasión por Él, y Jesús nos advierte que la única manera de estar ardiendo de amor en un momento de gran frialdad a escala global, donde todo va a atentar en contra del fuego que esta en nuestros corazones, es asegurándonos de tener suficiente aceite.

Quiero que meditemos en esta parábola. En el reino de Dios pasará lo mismo que sucedió en una boda. Cuando ya era de noche, diez jóvenes vírgenes tomaron sus lámparas de aceite y salieron a recibir al novio. Cinco de ellas eran descuidadas, y las otras cinco, responsables. Las descuidadas no llevaron aceite suficiente, pero las responsables llevaron aceite para llenar sus lámparas de nuevo. Como el novio tardó mucho en llegar, a las diez jóvenes les dio sueño y se durmieron. Como a la media noche, se oyeron gritos: «¡Ya viene el novio, salgan a recibirlo!» Las jóvenes vírgenes se levantaron y comenzaron a preparar sus lámparas. Entonces las cinco descuidadas dijeron a las responsables: «Compartan con nosotras el aceite que ustedes traen, porque nuestras lámparas se están apagando». Las cinco responsables contestaron: «No tenemos suficiente aceite para darles. Es mejor que vayan a comprarlo». Mientras las jóvenes descuidadas fueron a comprar aceite, llegó el novio. Entonces, las cinco responsables entraron con Él a la fiesta de bodas, y la puerta se cerró. Cuando las jóvenes descuidadas volvieron, encontraron todo cerrado y gritaron: «¡Señor, Señor, ábranos la puerta!» Pero el novio les contestó: «No sé quiénes son ustedes. No las conozco. Por eso ustedes, mis discípulos, deben estar siempre alerta, porque no saben ni el día ni la hora en que yo volveré» Mateo 25:1-13(TLA).

En esta parábola, la Iglesia está representada por las diez jóvenes vírgenes y tenían una tarea muy especial e importante para que se pudiese celebrar adecuadamente la boda, y considero que ellas somos tú y yo, la Iglesia en este tiempo, pero Jesús dice que la Iglesia del tiempo final va a estar dividida en dos grupos: el 50% va a ser prudente y sabia, y el otro 50% será imprudente y necia. Desde la perspectiva del Cielo, tú y yo no vamos a estar clasificados por grupo denominacionales, si somos bautistas, pentecostales, reformados o por conceptos de la doctrina; no, desde la perspectiva del Cielo la Iglesia del fin va a estar clasificada solo en dos grupos. ¿A qué grupo vas a pertenecer? Porque según Jesús, lo que determina nuestra prudencia e imprudencia es el aceite (Espíritu Santo), y es lo que va a decidir si formamos parte del acontecimiento más increíble y emocionante de la humanidad o nos quedamos afuera. En esta parábola hay tres profecías reveladas acerca del tiempo que nos va a tocar vivir, y que creo que se van a ir cumpliendo en los próximos años, aunque no sé la fecha ni la hora.

PRIMERA PROFECÍA
LLEGARÁ A LA MEDIA NOCHE AL MUNDO

En la Biblia no hay detalles casuales, todo lo que Jesús decía y cómo lo decía era importante, todo tiene un significado, y cuando dijo que Su regreso sucederá a la media noche, se estaba refiriendo a algo muy concreto, porque para los hebreos la medianoche se considera el momento más obscuro de la noche. Jesús nos estaba advirtiendo que su regreso será en un tiempo de gran obscuridad a escala global. Para los hebreos, la obscuridad representa decadencia moral y espiritual, confusión, pérdida de referencias claras. Imagínate que estás en un centro comercial, es de noche, y se apagan todas las luces y estás en absoluta obscuridad, ¿qué pasaría? Perderías las referencias que te mantienen en pie, no sabrías dónde están las salidas, las gradas, donde están las personas, te golpearías, te caerías al suelo, porque en la obscuridad nos sentimos confundidos; de eso era lo que estaba hablando Jesús.

Muchos gobiernos y universidades alrededor del mundo se están cuestionando todo lo que nos ha representado como civilización occidental, ellos dicen que debemos salir del misticismo cristiano, que estos 2000 años que nos han tenido esclavizados a la moral y al pensamiento cristiano, que ellos van a reconstruir el modelo de familia, la identidad, la sexualidad, la moral, la historia; y de tanto reconstruir, están destruyendo los cimientos de nuestra civilización; y cuando se destruye el cimiento de algo, todo el edificio se cae. Muchos dirán que eso no va a pasar porque somos fuertes; pero ya han caído muchas civilizaciones como los persas, los babilonios, los griegos, los romanos. Los grandes imperios caen cuando los cimientos son dinamitados; creen que están reeducando, ilustrándonos, pero no están encendiendo la luz sino apagándola; no nos estamos haciendo más inteligentes, sino más lentos y sin iniciativa. Se está atentando contra todas esas referencias que nos han guiado como civilización, aunque nuestros ancestros no fueran cristianos, en su época habían luces en el camino que indicaban que esta es la manera correcta de construir un mundo.

En estos dos años, mucho se habla acerca de los muertos del COVID-19; pero poco se habla de los muertos a causa del suicidio juvenil, pese a que la estadística es tan alta. Nadie entiende por qué los jóvenes quieren acabar con su existencia.

Amado, cuando se apaga la luz en la mente y en el corazón de una generación, los monstruos de la obscuridad salen a devorar el alma. Los monstruos de la depresión, la ansiedad y los pensamientos suicidas atentan en contra de una generación que está tirada en el suelo confundida, que no sabe dónde está su izquierda o derecha, no sabe ni siquiera qué es lo que tiene entre sus piernas que define su sexualidad, no sabe lo que es el bien y el mal, no sabe hacia dónde va, no le encuentra sentido a la vida. Eso es lo que está pasando. Los señores de la noche dicen que están construyendo un mundo mejor, pero en realidad lo están destruyendo.

Quiero que pienses que mientras estás entretenido con algunas cosas insignificantes que parecen significativas, cuando en realidad no lo son, están pasando cosas realmente importantes en el mundo y no te estás dando cuenta. Para mí, la obscuridad no es un problema, es una oportunidad, porque tú y yo formamos parte de ese movimiento que fue inaugurado por Aquel que dijo: «Yo soy la luz de este mundo y vosotros sois la luz que me representa en este mundo»; por lo tanto, la iglesia tiene que ser el faro que marca el camino, porque nosotros somos el modelo de familia, somos la referencia de la identidad, la referencia de la sexualidad, la referencia de la moral, la referencia de la historia y debemos de asumir nuestra responsabilidad. En este tiempo obscuro no puedes encerrarte en cuatro paredes, sino que tu responsabilidad es exponer la luz de Dios en medio de la obscuridad. Y posiblemente seremos rechazados y perseguidos por exponer la luz o la verdad.

SEGUNDA PROFECÍA
LA IGLESIA EXPERIMENTARÁ UN ADORMECIMIENTO

Como el esposo tarda en llegar y la noche se hace muy obscura, la Biblia dice que las diez vírgenes se quedaron dormidas. Lo que Jesús nos advierte es que una de las grandes batallas como Iglesia es quedarnos dormidos. En la mayoría de las iglesias, las personas ya no quieren orar, ayunar, ni siquiera levantan las manos en la adoración; están quedándose dormidos, parecen que no sienten.

La apatía va a ser uno de los grandes desafíos para la Iglesia, porque Satanás sabe que no puede matarla y por eso intenta adormecerla. ¿Por qué? Porque una Iglesia adormecida se parece mucho a una muerta. Esta es una de las grandes batallas de los últimos años, la anestesia en el alma, una anestesia llamada *Smartphone*. Sé que no te va a gustar lo que voy a decir, pero este aparatito es la aguja a través de la cual nos están anestesiando el corazón, nos están haciendo insensibles a través del entretenimiento.

Considero que es más peligroso el entretenimiento que el pecado, porque el pecado lo puedes ver venir y lo reconoces, pero el entretenimiento es muy sutil y es lícito; y necesitamos entretenernos un poco, pero el exceso es un ladrón de tu propósito, te resta la pasión que debería estar dedicada a Dios; es un desenfoque para tu alma. Somos la primera generación que llevamos en el bolsillo un aparatito, casi incorporado en el cuerpo; es lo último que tocamos en la noche antes de dormir y lo primero en la mañana antes de despertar; con este aparatito nos consolamos, encontramos refugio, nos da alegría, nos escondemos, forma parte de nuestra vida. No tengo nada en contra del celular; no es malo poseer un *Smartphone*, pero es malo que él te posea a ti.

Acuérdate que te vas a presentar cara a cara con Jesús y te va a preguntar qué hiciste con el tiempo preciado que te dio. La distracción es una maniobra de guerra. La Iglesia es el único ejército de resistencia, y una iglesia entretenida no está lista para la guerra que está ocurriendo; no está lista con el aceite para esperar al novio que viene. Por eso en el Nuevo Testamento se nos llama diez veces a velar, y esto significa luchar en contra del adormecimiento. ¿Has luchado en contra del sueño cuando vas manejando? No se puede dormir manejando porque así no llegas a tu destino. Si te quedas dormido al volante, vas a morir y contigo los que estaban a tu cargo; vas a boicotear tu propósito. La Iglesia está al volante de algo muy fuerte, estamos llevando a su destino a una generación, no podemos quedarnos dormidos y tenemos que velar.

¿Cómo vamos a velar? Orando, ayunando, leyendo la Biblia, memorizando las Escrituras, estudiándolas, haciendo actos de generosidad, ayudando a los ancianos indefensos, dando de lo tuyo, sirviendo sin medida, pasando tiempo con Dios.

TERCERA PROFECÍA
EL ÚLTIMO GRAN AVIVAMIENTO DE LA IGLESIA

La última profecía y la más emocionante, y es la que estoy esperando, es que acontecerá un gran despertar en la Iglesia. Dios hará sonar un mensaje en el corazón de la Iglesia, un grito que dirá: «Ahí viene el novio». Una revelación nos va a revelar a Jesús como el amado, como el novio, como el deseado. Hemos conocido a Jesús como Señor y Salvador; pero en este último tiempo le vamos a conocer como el amor de nuestra alma, como aquel que nos va a robar el corazón para siempre; y no le vamos a ser infieles con otros dioses, porque lo vamos a conocer de una manera diferente. Viene el último gran despertar que será para Jesús. Durante estos 2000 años hemos experimentado diferentes despertares: de santidad donde la Iglesia se aparta para guardarse pura en medio de corrientes corruptas, de salvación donde literalmente hemos visto estadios siendo sacudidos por el evangelio y cientos de personas entregando su vida a Cristo, de sanidades y milagros. Pero el último gran despertar no será para algo, sino para *alguien*, será de amor, será por Jesús, Jesús es el protagonista.

En estos últimos tiempos, lo más importante es el aceite, el Espíritu Santo de Dios en nosotros. La Biblia dice que el amor de muchos se enfriará; en el mundo lo más fácil es estar apagado, así que debemos asegurarnos de tener una relación personal con el Espíritu Santo de Dios.

Todas las vírgenes tenían lámparas, estaban vestidas de boda, sabían quién era el novio, pero solo cinco llevaron suficiente aceite, por si la espera se alargaba demasiado; y eso es lo que va a determinar si estarás ardiendo o apagado. Para tener ese aceite necesitas tiempo con Dios, trabajar en esa relación; así como se saca el aceite de la aceituna, eso es un proceso y tú tienes que entrar en él para tener el fuego de Dios encendido y que no se apague y estar preparado para la venida del novio, Jesucristo.

Mi reflexión

Epílogo

RECORDATORIO

Amado, se te abrieron puertas de libertad para una vida fácil y feliz. Has sido sanado, liberado y restaurado. Aprovecha en tomar la decisión de vivir, tómate del brazo fuerte de Dios, Él te sostendrá y te prepara para su pronta venida. Déjate guiar por Su Espíritu, y que Sus promesas se hagan realidad en ti. El Reino de Dios está dentro de ti. Lo posees en tu interior porque Dios está en ti. Y dondequiera que vayas puedes llevar el Reino. Si eres un hombre de negocios, puedes llevar el reino allí. Si eres una madre, puedes llevar el reino a tu vecindario, a tu familia.

Déjame orar por ti e impartir la bondad de Dios.

Padre, para mi amigo que está leyendo, oro para que sienta la gloria de Dios, que sienta Tu presencia. Tomo autoridad sobre la desesperanza, sobre el desánimo y la depresión. Hay alguien que está diciendo ahora mismo: «He ido demasiado lejos, y no sé si puedo perdonarme por lo que he hecho». El Señor te perdona. Si has pedido perdón, el Señor te ha perdonado. Amigo, el pasado es el pasado. Todo se ha borrado. Hoy es un nuevo día. El hecho de que estés leyendo este libro significa que Dios está diciendo: «Escucha, tengo un plan y todo va a estar bien». Dios es aún más grande que las consecuencias. Todo va a estar bien. Así que. Padre, pido una bendición para mis amigos. Oro para que cumplan con el llamado de Dios en sus vidas. Serán apasionados por Jesús; y les agradezco que entiendan que el Reino está dentro de ellos y en todos los lugares a los que vayan, van a liberarlo. ¡Amén!

Mi reflexión

ACERCA DE LA AUTORA

Edith Jaimes es pastora y consejera cristiana del Ministerio Restauración en Cristo, en Sioux Falls, Dakota del Sur. Nació en una familia humilde en El Salvador. Se graduó joven como trabajadora social, y posteriormente estudió marketing y publicidad. En 1994, se casó con Salvador Jaimes; juntos tienen tres hijos: Salvador, Tatiana y Diego. Se convirtió a Jesús en 1984, y comenzó su ministerio como intercesor en 1998. En 2006, fundó el Ministerio Restauración en Cristo con su esposo.

Edith ha recibido formación teológica con el Seminario Reina Valera y la Escuela Es Sobrenatural Sid Roth. Su experiencia incluye consejería, guerra espiritual, sanidad espiritual y oración. Su misión es liberar a las personas de las mentiras del Diablo, la opresión de los demonios, las enfermedades y extender el Reino de Dios en la tierra a través de la Palabra de Dios.

Ella es estudiante de la *Academia Guipil: Escribe y Publica tu Pasión* y miembro destacado de la *Comunidad Mujer Valiosa*.

Para más información y contacto escribe a:
edith_9319@hotmail.com

NOTAS

NOTAS

www.ingramcontent.com/pod-product-compliance
Lightning Source LLC
Chambersburg PA
CBHW060033180426
43196CB00045B/2644